KB022988

세계적 대유행

b판시선 39

하종오 시집

세계적 대유행

도서출판 b

펜데믹pandemic, 코로나19 바이러스의 세계적 대유행의 시
대가 와 있다.

나는 어디로 갈 것인가보다 덜 갈 것인가(혹은 안 갈 것인
가), 무엇을 할 것인가보다 덜할 것인가(혹은 안 할 것인가),
누구를 만날 것인가보다 덜 만날 것인가(혹은 안 만날 것인가)
를 코로나19 바이러스의 감염을 피하는 기준으로 삼고 나날
을 보내고 있다.

코로나19 바이러스의 세계적 대유행 중인 지금과 그 이후
에 우리의 삶에서 무엇이 달라질까.

인간의 욕망으로 사회와 생태의 질서가 교란되고 파괴된
지구의 어딘가에서 출현한 코로나19 바이러스, 자꾸 변이한
다는 코로나19 바이러스를 인간의 욕망으로 제압할 수 있을
까?

하종오

| 차례 |

| 시인의 말 | 5

집에 머물기   10

거리두기 · 1   12

거리두기 · 2   14

거리두기 · 3   16

환기   18

등원   20

비말   22

양팔 간격   24

맞은편과 옆자리   26

손 씻기   28

투명 가림판 · 1   30

투명 가림판 · 2   32

헛기침   34

숙주 · 1   36

숙주 · 2   38

숙주 · 3   40

숙주 · 4   42

숙주 · 5   44

숙주 · 6   46

밀접   48

마스크 · 1   50

마스크 · 2   52

마스크 · 3   54

마스크 · 4   56

마스크 · 5   58

마스크 · 6   60

마스크 · 7   62

마스크 · 8   64

마스크 · 9   66

방호복에 관한 견해   68

비대면 · 1   70

비대면 · 2   72

포옹과 입맞춤과 악수   74

세계적 대유행 · 1   76

세계적 대유행 · 2   78

세계적 대유행 · 3   80

세계적 대유행 · 4   82

세계적 대유행 · 5   84

세계적 대유행 · 6   86

세계적 대유행 · 7   89

세계적 대유행 · 8   90

세계적 대유행 · 9   92

세계적 대유행 · 10   94

세계적 대유행 · 11   96

세계적 대유행 · 12   98

세계적 대유행 · 13   100

세계적 대유행 · 14   102

세계적 대유행 · 15   104

긴급재난지원금 · 1   106

긴급재난지원금 · 2   108

긴급재난지원금 · 3   110

예감   112

| 해설 | 홍박승진   115

집에 머물기

내가 날마다 머물고 있는 집에서
책과 노트북과 핸드폰은 가만있지 못한다

책은 페이지가 펼쳐져서 읽히다가 덮이고
노트북엔 글이 입력되었다가 삭제되고,
핸드폰엔 문자가 발신되고 수신되는 집,
집은 쉬어야 하는 장소인데
책과 노트북과 핸드폰이 나에게
페이지를 펼쳐서 읽다가 덮게 하고
글을 입력하고 삭제하게 하고
문자를 발신하고 수신하게 하는 집,

코로나19 바이러스가 전파되면서부터
아프면 사나흘 집에 머무르라는 권고를 들으며
아프지 않은데도 집에 머물면서
한두 페이지를 읽다가 말다가 하는 나는
한두 문장의 글을 쓰다가 말다가 하는 나는
한두 번 문자를 보내다가 말다가 하는 나는

책과 노트북과 핸드폰을 만지작거리며
병들지 않은 나를 사랑하는 시간을 보낸다

거리두기 · 1

집 앞 건너편 자드락길 산책하는 당신을
멀리서 바라보는 날이 잦은 올봄,
당신이 산그늘에 안겨서 걸어가는 것 같은 날이 있고
산그늘이 당신에게 업혀서 걸어가는 것 같은 날이 있다
치사율이 높다는 코로나19 바이러스에 감염되지 않도록
국가가 사회적 거리두기를 요구하여서
한적하게 생활하는데 갑자기 드는 의구심,
　그동안 인간은 다른 종에 대해 강자이지 않았는가
　그동안 인간은 다른 종에 비해 다수이지 않았는가
　텃밭에 벌레가 버글거리면 내가 채소를 밀생했기 때문이
라고 여기는 나는
　살갗에 알레르기가 생기면 내가 흙먼지를 일으켰기 때문
이라고 여기는 나는
　날이 갈수록 인간이 너무 강해지고
　해가 갈수록 인간이 너무 많아져서
　지구상에 바이러스가 살아남을 틈이 없어지자,
　인간의 수를 줄이기 위해 창궐했을 거라는 근거 없는 생각
을 한다

나 하나가 더 살고 있다는 것이

바이러스에게 당연한 일인지 인간에게 미안한 일인지 모

를 올봄,

당신이 산그늘에 안겨서 걸어가는 것 같은 날엔

나는 집 안에서 당신의 걸음걸이를 세어본다

당신이 어디까지 산책하곤 나를 멀리서 바라보는지

산그늘이 당신에게 업혀서 걸어가는 것 같은 날엔

나는 집 안에서 산그늘의 걸음걸이를 세어본다

산그늘이 어디까지 산책하곤 나를 멀리서 바라보는지

거리두기 · 2

당신이 나에게서 떨어져 지내면
나를 좋아하는 사람이고,
꽃나무가 나에게 가까이 지내면
나를 좋아하는 나무라고
내가 믿는 나날이다

사람을 감염시키는 코로나19 바이러스,
나무를 감염시키지 않는 코로나19 바이러스,
감염되면 치명적이라는 코로나19 바이러스,
대유행하고 있다

내가 당신에게서 떨어져 지내면
당신을 좋아하는 사람이고,
꽃나무가 당신에게 가까이 지내면
당신을 좋아하는 나무라고
당신이 믿는 나날이다

코로나19 바이러스가 널리 퍼지는 동안

당신과 나는 떨어져 지내면서
가까이 지내는 꽃나무를 바라보다가 지겨워지면,
평생 자신이 태어난 고향을 떠난 적이 없고
반경 30킬로미터 밖으로 나간 적이 없으면서도
그곳 대학에게 지리학을 가르쳤다는
독일 철학자 칸트를 떠올려보며
홀로이 산책했으면 한다

거리두기 · 3

코로나19 바이러스에 감염된 사람은
기피나 혐오의 대상이 된다
누구든 다가오기를 바라지 않고
누구에게든 다가가지 않는다

나는 누구에게도
기피나 혐오의 대상이 되고 싶지 않아서
기피나 혐오의 감정을 품고 싶지 않아서
사람과 거리를 두고 지낸다

기피나 혐오라는 감정,
사람에게만 있고
코로나19 바이러스에게는 없어
누구든 다가오기를 바라고
누구에게든 다가간다

뭉치는 사람들을 나누어놓고
모이는 사람들을 흩어놓는

코로나19 바이러스가 기피나 혐오의 대상,
나는 거리를 두고 지낸다

환기

창문을 열었다

맑은 공기가 들어올 때
꽃과 나무가 뒤따라 들어왔다

꽃을 벽에 오르게 하고
나무를 방바닥에 서게 하고,
나는 창문으로
아직 제자리에 남아서 꽃잎을 키우는 꽃과
잎사귀를 키우는 나무를 바라보곤 했다

벽에 오른 꽃은 흐드러지고
방바닥에 선 나무는 자라났는데
어떤 날엔 맑은 공기를 뒤따라 꽃만 잔뜩 들어와서
벽을 덮고 방바닥까지 차지해서
나는 피하여 바깥으로 나와
아직 제자리에 남아 향기를 퍼뜨리는 꽃그늘에서 쉬기도
했고,

어떤 날엔 맑은 공기를 뒤따라 나무만 잔뜩 들어와서
방바닥을 차지하고 벽까지 덮어서
나는 피하여 바깥으로 나와
아직 제자리에 남아 녹음을 퍼뜨리는 나무그늘에서 쉬기
도 했다

코로나19 바이러스가 대유행한 이후부턴
창문을 열어도
꽃과 나무가 맑은 공기를 뒤따라 들어오지 않았다

나는 맑은 공기를 마시며
꽃이 꽃잎을 떨어뜨리는 모양을 보다가
나무가 잎사귀를 떨어뜨리는 모양을 보다가
창문을 닫았다

등원登園

처음 유치원 가게 된 어린 손자가
자나 깨나 기다리던 등원이
코로나19 바이러스로 연기되어
그만 심심해졌다

늙은 나는 어린 손자와 노는 시간이
기약 없이 주어져 즐겁기는 해도
어린 손자는 유치원 가서 어린아이들과 놀아야
새로운 즐거움을 느끼리라 싶었다

어린아이들은 코로나19 바이러스에 잘 걸리지 않는다는
일설이
  그나마 위안이 되는 나날에 늙은 나는 어린 손자와 놀면서
  다시 어린아이로 돌아가면 감염되지 않을 것 같기도 했다

미증유의 생물이라고 할 코로나19 바이러스,
노인들은 치사율이 높다는 코로나19 바이러스,
이 생물이 태어난 원인이

오래 목숨 부지하려는 나 같은 노인네들이 너무 많다는 데에 없다고 단언하진 못하겠다

　　늙은 내가 잘못 살아와서 어린 손자가 잘 살아가지 못하게 되었다는 자책감이 들었다

비말

나와 상대가 말할 때 입에서 입으로
침이 튀어나와 들어갈 수 있다는 걸 알고 나서
가급적 외출하지 않으려고 한다
침으로 감염되는 코로나19 바이러스는
특히 노인들에게 치명적이라고 한다
누군가를 만난 장소에서 떠도는 침이
늙은 내 입으로 들어와 있다가
집에 돌아와 저녁밥을 먹는 식탁에서
늙은 아내 입으로 들어갈 수도 있다
화젯거리를 시시콜콜 들먹이며
천천히 식사하는 식습관을 버리게 하고
냄비 가득 김치찌개를 끓여놓고
숟가락으로 떠먹는 식습관을 버리게 하고
반찬통에 담긴 반찬을 개인접시에 덜지 않고
젓가락으로 집어먹는 식습관을 버리게 하는
코로나19 바이러스, 코로나19 바이러스,
늙은 내가 대화하는 상대로
수준이 딱 맞는 어린 손자와는

이야기도 노래도 주거니 받거니 할 수 없게 하고
포옹도 뽀뽀도 악수도 할 수 없게 하는
코로나19 바이러스, 코로나19 바이러스,
코로나19 바이러스가 악질이라는 결정적인 증거는
사랑하는 젊은 연인들이
손을 맞잡기를 주저하게 한다는 것,
가슴을 껴안기를 주저하게 한다는 것,
뺨을 대기를 주저하게 한다는 것,
아니, 아니, 아니, 수없이 많은 젊은 연인들이
아예 키스를 하지 못하도록 만든다는 것,

양팔 간격

나는 방 안에서 양팔을 뻗어
양손에 닿는 책장과 벽을 번갈아보며
오른손으로 책장에 놓인 책을 들다가 놓고
왼손으로 벽에 묻은 먼지를 문지르다가 그만 둔다

나는 마당에서 양팔을 뻗어
양손에 닿는 소나무와 아로니아나무를 번갈아보며
오른손으로 잎을 따서 냄새를 맡다가 버리고
왼손으로 열매를 따서 씹다가 뱉는다

양손을 모아 내려다보다가
빈손이라서
나는 다시 양팔을 뻗어
보이지 않는 당신과 보이지 않는 다른 당신의 어깨에 손을
얹고서
답답하니 거리로 가자고 채근하다가 내리고
보이지 않는 당신과 보이지 않는 다른 당신의 뺨에 손을
대고서

적막하니 곁에 있어 달라고 부탁하다가 떼고

보이지 않는 당신과 보이지 않는 다른 당신의 옷자락을
손으로 잡고서

불행하니 행복하자고 애걸하다가 놓는다

치사율이 높다는 코로나19 바이러스에 감염되지 않기 위
하여

양팔을 뻗은 간격을 유지하는 게 좋다고 말들 하는 사람들
사이에서

내가 양팔을 접어서 할 수 있는 건 나 자신을 껴안는 일뿐이
다

맞은편과 옆자리

누구랑 식사할 때
마주보며 앉지 말고
같은 방향을 향하여
옆자리에 앉기를 권장한다
코로나19 바이러스의 감염 예방을 위해

맞은편에 앉아 밥을 먹으면
평소 하지 못한 대화를 할 수 있고
평소 알아차리지 못한 뜻을 알아차릴 수 있고
평소 구하지 못한 이해를 구할 수 있는데
옆자리에 앉아 밥을 먹으면
평소 띠던 미소를 띨 수 없고
평소 보내던 눈빛을 보낼 수 없고
평소 짓던 표정을 지을 수 없다

당신과 나는
오래 전부터 서로에게서
눈부신 후광을 보고

아름다운 배후를 느끼려고
맞은편에 앉아 밥을 먹다가
최근 들어서는 서로에게
독한 감염병을 옮기지 않고
일찍 병사하지 않게 하려고
옆자리에 앉아서 밥을 먹는다

손 씻기

손자와 나는 세면장에 들어가
물에 손을 씻는다

나의 할아버지는 지폐를 센 후에 물에 손을 씻고는
많은 사람들이 만져 더러워졌기 때문이라고 말씀하셨고
또 나의 할아버지는 해가 저물 무렵에 물에 손을 씻고는
많은 사람들과 악수하여 더러워졌기 때문이라고 말씀하
셨다
사람이 손을 깨끗이 해야 하는 까닭은
손으로 수저질해서 음식을 먹기 때문이라고
나에게 설명해주셨다

나는 손자에게 말한다
코로나19 바이러스에 걸린 사람이 만진 물건을 우리가
만졌을 수 있다,고
코로나19 바이러스가 손에 묻어 있다가 입으로 들어올
수 있다,고
코로나19 바이러스가 몸에 옮으면 너무너무 아프게 된다,고

나는 손자와 놀이터에 나가 놀다가 집에 들어와
물에 손을 씻고 나서 수건으로 닦는데
죄 없는 나사렛 예수에게 십자가형을 언도하고 나서
물에 손을 씻었다는 유대 총독 본디오 빌라도가 난데없이
떠오른다
나는 언제 어디서 어떤 잘못을 저지르고 나서
물에 손을 씻었던가

투명 가림판 · 1

일주일에 하루 유치원 가는 어린 손자는
투명 가림판이 세워진 책상에 식판을 놓고
의자에 앉아 점심 먹은 뒤 귀가한다

책상의 앞과 양옆,
삼면에 세워진 투명 가림판이
비말로 감염되는 코로나19 바이러스를 막아준다곤 하지만
그 상태에서 분명한 점은
어린 손자가 마음대로
몸이나 고개를 뒤로 돌릴 수 없다는 것,
어린 손자가 교사의 가르침을 듣기는 해도
뒤돌아보는 법을 배우지 않아서
제가 걸어온 뒤쪽을 기억하지 않을지도 모르고
제 뒷모습을 누군가 지켜본다는 생각을 하지 않을지도
모르고
　저보다 뒤처져 있는 아이들을 챙기지 않을지도 모른다
　어린 손자는 오로지 앞만 보는 법을 배워서
　남들보다 더 빨리 나아가기 위해서

양옆을 곁눈질하는 아이로 자라지는 않을까

아이들이 모두
투명 가림판에 막혀
뒤쪽에 앉은 아이가 찡긋하는 눈짓을 알아차리지 못한다
면
양쪽에 앉은 아이가 쉬는 들숨날숨을 느끼지 못한다면
서로가 서로를 헤아리는 법을 알지 못하게 되지는 않을까
또, 앞쪽에 앉은 아이가 중얼거리는 혼잣말을 듣지 못한다
면……

일주일에 하루 유치원 가는 어린 손자는
투명 가림판이 세워진 책상에 식판을 놓고
의자에 앉아 점심 먹은 뒤 귀가한다

투명 가림판 · 2

투명 가림판은 나와 당신 사이에 있다

나나 당신이 설치했다면
서로가 모욕으로 느꼈을 투명 가림판이
나와 당신을 나누고 있는데도
안심하며 대화한다

코로나19 바이러스가 예방된다 해서
투명 가림판을 사이에 두고
이쪽과 저쪽에 있기로 한
나와 당신이
속삭인다고 해도
입김이 서로에게 가닿지 못하고
큰 소리 친다고 해도
침방울이 서로에게 튀지 못하고
비명을 지른다고 해도
입이 서로에게 넘어가지 못한다
코로나19 바이러스를 예방해준다는 투명 가림판이

나와 당신을 이쪽과 저쪽으로 나누고 있어도

나는 당신을 향하여 속말하는 나로 있고

당신은 나를 향하여 속말하는 당신으로 있다

헛기침

어른이 헛기침하여
기척을 알리던 예전에
어린 나는 들은 척도 안 했다
헛기침 소리에
바람 부는 소리가 섞여 있으면 누구인지
열매 떨어지는 소리가 섞여 있으면 누구인지
낙엽 뒹구는 소리가 섞여 있으면 누구인지
어린 나는 느껴도 아무 반응하지 않았다

요즘 늙은 내가 헛기침하면
코로나19 바이러스에 걸렸지 않느냐고
어린 손자가 대번에 묻고는
고개를 돌리거나 돌아앉거나 자리를 뜬다
헛기침 소리에
바람 부는 소리가 섞여 있으면 내 기분이 어떤지
열매 떨어지는 소리가 섞여 있으면 내 심경이 어떤지
낙엽 뒹구는 소리가 섞여 있으면 내 감정이 어떤지
어린 손자는 느낄까

기침할 때 튀어나오는 침으로 감염되는 코로나19 바이러
스를
얼마나 무서운 병균으로 알면
늙은 내가 헛기침하는데도 즉각 반응할까

어른이 하는 헛기침은
어른답게 나타나겠다는 속내라는 걸
예전 어린 내가 몰랐고
요즘 어린 손자가 모른다

숙주 · 1

나의 육안에 보이지 않는 코로나19 바이러스가
나의 육신을 병들게 할 수 있으므로
나는 코로나19 바이러스를 피해야 하는 대상으로 여긴다

내가 살아 있을 때 나의 대상이
꽃나무를 보고 즐거워하는 사람이라면
내가 죽을 때도 나의 대상이
꽃나무를 보고 즐거워하는 사람이어야 하는데
그 사람을 숙주로 삼은 코로나19 바이러스가
나에게 감염되고 나를 숙주로 삼아
다른 사람에게 감염되고 다른 사람을 숙주로 삼는 사이
꽃나무를 보고 즐거워할 수 없는 확진자들이 죽을 수 있다
니……

전신보호구를 하고 확진자들을 치료하는 의료진,
그분들의 육안에도 보이지 않는 코로나19 바이러스가
그분들의 육신도 병들게 할 수 있어
그분들은 코로나19 바이러스를 퇴치할 대상으로 여긴다

코로나19 바이러스에 죽어서는 안 되는 대상으로
사람을 존중하는 의료진에게 아직 나는 확진자가 아니다
꽃나무를 보고 즐거워하는 사람이고
살아 있을 때와 죽을 때를 모르는 사람이다

숙주 · 2

내가 코로나19 바이러스의 숙주가 될 수 있다면
당신이 코로나19 바이러스의 숙주가 될 수 있다
당신이 코로나19 바이러스의 숙주가 될 수 있다면
내가 코로나19 바이러스의 숙주가 될 수 있다

우리가 코로나19 바이러스의 숙주가 된다는 것은
우리 몸에 기생하는 코로나19 바이러스에게 영양분을 준
다는 뜻,
코로나19 바이러스는 살 수 있고 우리는 죽을 수 있다

내가 당신의 숙주가 되어준 적이 있었던가
당신이 나의 숙주가 되어준 적이 있었던가
인간이 인간에게 기생하지 않는 것은
나와 당신은 다르게 존재해서 함께 생존하는 인간이기
때문이고
인간의 몸에 인간의 몸이 기생하지 않는 것은
나와 당신은 자신과 남을 존중해야 서로 도울 수 있는
인간이기 때문이다

나를 숙주로 삼아서 당신에게로 옮아갈 수 있고
당신을 숙주로 삼아서 나에게로 옮아올 수 있는
코로나19 바이러스는 당신과 나를 동일한 인간으로 볼
것이다

숙주·3

나는 코로나19 바이러스의 숙주가 되고 싶지 않다
햇빛이 환한 날엔
꽃의 숙주인 꽃밭이고 싶고
공중이 맑은 날엔
풀의 숙주인 풀숲이고 싶고
녹음이 짙어지는 날엔
숲의 숙주인 산이고 싶다

내가 숙주가 되는 대유행을 피할 수 없다면
꽃과 풀과 숲이 맑힌 공기의 숙주가 되어
맑은 공기를 더 많이 더 높이 더 넓게 퍼뜨리면
바닥을 기는 벌레들과 날개 가진 새들과 숨어 사는 짐승들
이 기뻐하지 않을까
그들보다 먼저 사람들이 기뻐하며 스스로 공기의 숙주가
되기를 자청하지 않을까

꽃을 숙주로 삼으려는 무엇인가가 꽃밭에 있어
햇빛이 환해진다고

풀을 숙주로 삼는 무엇인가가 풀숲에 있어
공중이 밝아진다고
숲을 숙주로 삼는 무엇인가가 산에 있어
녹음이 짙어진다고
내가 알 수 없는 그 무엇인가가 주변에 있다고
나는 말해야겠다

숙주 · 4

아프리카돼지열병은 왜 돼지를 숙주로 삼으면서
돼지가 죽든 말든 저만 살아남기 위해 번지려고 할까
숙주가 죽으면 저도 죽는데

구제역은 왜 소를 숙주로 삼으면서
소가 죽든 말든 저만 살아남기 위해 번지려고 할까
숙주가 죽으면 저도 죽는데

조류인플루엔자는 왜 닭을 숙주로 삼으면서
닭이 죽든 말든 저만 살아남기 위해 번지려고 할까
숙주가 죽으면 저도 죽는데

생각해보면 모든 감염병은
가축을 죽여서
사람이 먹는 먹을거리를 줄인다
목적은 한 가지, 사람이 먹지 못하도록
굶으면 죽으니까

곡식과 채소에도 감염병이 돈다

코로나19 바이러스는 왜 사람을 숙주로 삼으면서
사람이 죽든 말든 저만 살아남기 위해 번지려고 할까

숙주 · 5

코로나19 바이러스에겐 누구나 숙주가 된다
사람이라면
호의호식하는 사람이나
근심하고 걱정하는 사람이나
하늘바라기를 하는 사람이나
똑같이 숙주가 된다

코로나19 바이러스는
사람이 다니는 거리로 다니고
사람이 드나드는 건물에 드나들고
사람이 타는 자동차를 타고
사람이 하는 행동도 한다

사람이 목이 말라 물을 마시면
따라 물을 마시고
사람이 목이 칼칼해서 헛기침을 하면
따라 헛기침을 하고
사람이 목이 쉬도록 큰 소리를 치면

따라 큰 소리를 치면서도

코로나19 바이러스는 분별력을 잃지 않는다

신분을 봐가면서 숙주로 선택하지 않는다는 분별력

다 공평하게 숙주로 선택한다는 분별력

숙주 · 6

　그저께 오후 나는 울 밖으로 나와 헌집 앞을 지나 고구마밭을 지나 들길을 산책하고 돌아왔다

　어제 오후 나는 울 밖으로 나와 전원주택 앞을 지나 고추밭을 지나 산길을 산책하고 돌아왔다

　오늘 오후 나는 울 밖으로 나와 텃밭을 살펴보는데

　핸드폰에 안전안내문자가 도착했다

　코로나19 바이러스의 감염자가 이동한 경로가 날짜와 시간별로 찍혀 있었다

　이동 경로가 겹치는 주민은 보건소로 연락하기를 바라고 감염 의심자는 보건소에서 검체 검사를 받으라는 안내가 덧붙여 있었다

　인적 없는 시골마을을 벗어나지 않은 지 여러 날,

　나는 산책길에서 나무들과 풀들과 새들을 지나치기만 했다

　내가 다가가면 나무들은 제 그늘 속으로 들어갔다

　내가 다가가면 풀들은 제 뿌리 아래로 내려갔다

　내가 다가가면 새들은 제 날개 안으로 날아갔다

　나하고 이동 경로가 한순간 겹치는 나무들과 풀들과 새들

에게 건넬 말거리는 없었다

나는 사람들이 활동하는 시간에 맞추어 사람들이 활동하
는 장소에 가지 않았으므로

코로나19 바이러스에 감염되었다고 여기지 않는다

도리어 코로나19 바이러스가 숙주로 삼은 나무들과 풀들
과 새들이

내가 은둔 생활한다 해서 나를 기피하는지도 모른다고
망상하기도 했다

만약에 코로나19 바이러스가 지구상에 나타난 목적이

자연계에서 너무 많은 개체를 유지하고 있는 종을 줄이는
데 있다면

내가 해당되지 않는다고 볼 순 없겠다고 또 망상하면서

텃밭에서 거두는 먹을거리로 자급자족하며 겨우 살아남
더라도

나무들과 풀들과 새들에게 허튼짓 하지 말자고 속다짐했
다

밀접

밥상 둘레에 둘러앉아
어깨를 스치며 식사하던 오래된 추억이 있어
밥을 먹을 때
붙어 앉아서 수저질하기를 주저하지 않는 우리가,
이불 속에 다리 뻗고 앉아
발을 대면서 수다 떨던 오래된 추억이 있어
말을 할 때
붙어 앉아서 이야기하기를 주저하지 않는 우리가
서로 멀찌감치 떨어져 앉아 식사하고 수다 떤다

코로나19 바이러스가 왜 우리를 적으로 삼았는지 알 수
없지만
하필이면 우리가
가까이서 함께 밥을 먹는 때와
가까이서 함께 말을 하는 때에
한꺼번에 동시에 장악하려고 해서
가까이서 함께 밥을 먹는 곳과
가까이서 함께 말을 하는 곳을

우리로 하여금 거부하게 한다

코로나19 바이러스는 인간에게
모여서 함께 잘 살기를 금지하는 것 같고
흩어져서 각자 겨우 살기를 요구하는 것 같다

마스크 · 1

마스크를 나만 착용한 게 아니다
외출하며 보면 사람들이 착용했고
산책하며 보면 나무들이 착용했고
독서하며 보면 낱말들이 착용했다

외출해서 사람들과 대면하다가도
산책해서 나무들과 대면하다가도
독서하며 낱말들과 대면하다가도
나는 가능하면 대면하지 않으려고
마스크를 꼭꼭 여미곤 한다

코로나19 바이러스에 감염되어
누구하고도 대면할 수 없는
확진자가 되지 않기 위하여
나는 마스크를 착용한다

사람들의 정면을 보지 않는 나의 정면을 사람들도 보지
않고

나무들의 정면을 보지 않는 나의 정면을 나무들도 보지
않고

　낱말들의 정면을 보지 않는 나의 정면을 낱말들도 보지
않는다

　나는 마스크를 착용하지 않은 뒷면에 본모습이 있다고
생각하기로 한다

마스크 · 2

나는 상대방의 입을 볼 수 없고
상대방은 나의 입을 볼 수 없다

코로나19 바이러스를 예방하기 위해
마스크를 착용하면서
대화는 말소리로만 가능해졌다

혀로 전달되는 말뜻이 있고
목울대로 전달되는 말뜻이 있는데
마스크가 나에게 읽지 못하게 한다

코로 쉬는 숨결도 말뜻이 되고
볼로 짓는 미소도 말뜻이 되는데
마스크가 나에게 헤아리지 못하게 한다

코로나19 바이러스를 예방하기 위해
나에게 침묵을 권하는 마스크,
나는 마스크를 착용한 이후로

말하지 않을 의무와

말을 듣지 않을 권리를 느낀다

마스크 · 3

코로나19 바이러스가
입에서 입으로 퍼지고 있어
마스크는 나한테서
벗겨지지 않으려 한다

내가 자주 마른침을 삼키는데
침이 맛있어서
마스크가 가만있을 리 만무한 거다
내가 자주 가쁘게 호흡하는데
숨결이 좋아서
마스크가 가만있을 리 만무한 거다
내가 자주 길게 한숨을 내쉬는데
입김이 황홀하여서
마스크가 가만있을 리 만무한 거다

오직 마스크는 내 입으로 들어오는
코로나19 바이러스를 차단하기 위해
착용되어 있다고 여기는 게 확실하다

마스크는 헐겁지 않도록 나의 두 뺨을 잘 감싸고
빈틈이 생기지 않도록 나의 두 귀를 당겨 붙잡는다

마스크 · 4

내가 착용한 마스크가 거리에 나갔다가
도리어 나를 착용하고서
꽃을 착용한 마스크를 만나면
향기를 맡으며 마주보다가
자전거를 착용한 마스크를 만나면
바퀴살을 세며 마주보다가
가로수를 착용한 마스크를 만나면
그늘 아래서 마주보다가
빌딩을 착용한 마스크를 만나면
층층을 오르며 마주보다가
사무원을 착용한 마스크를 만나면
컴퓨터 키보드를 두드리며 마주보다가
엘리베이터를 착용한 마스크를 만나면
현관에 내려서 마주보다가
청소부를 착용한 마스크를 만나면
바닥을 닦으며 마주보다가
아, 슬픔을 착용한 마스크를 만나면
눈물을 글썽이며 마주보다가

불현듯 코로나19 바이러스를 착용한 마스크를 만나면
통증에 괴로워하며 마주보다가
나를 벗어 거리에 세워놓고는
내가 착용한 마스크로 돌아온다

마스크 · 5

우울이 마스크를 착용하고는
갑자기 나를 찾아와서
그만 살자고 속삭인다
우울이 반갑지 않으나
그의 얼굴을 보고 싶어서
내가 환한 표정을 지을 땐
책을 읽지 말라고 속삭이고
그의 마음을 알고 싶어서
내가 시무룩한 표정을 지을 땐
꽃을 가까이 하지 말라고 속삭이고
그도 잠을 잘 이루지 못하는지
그의 밤에게 가고 싶어서
내가 캄캄한 표정을 지을 땐
생각을 중단하라고 속삭인다
아무런 대답을 하지 않는 나를
어떻게 해볼 상대가 아니라고 판단하는지
우울이 더 말을 붙이지 않고 떠나간 후
책과 꽃과 생각이 마스크를 착용하고는

갑자기 나를 찾아와서

더 많은 책과 꽃과 생각을 가진 자들과 만나보라고 속삭일
때

코로나19 바이러스가 마스크를 착용하고는

갑자기 나를 찾아와서

나에게 마스크를 착용하지 않으면

병 깊이 들어 죽을 수 있다고 속삭여서

나는 즉시 착용한다

마스크 · 6

나는 흰 마스크를 착용하고 지하철을 탄다
그는 검은 마스크를 착용하고 지하철을 탄다
건너편에 앉아서도 서로 바라보지 않고
옆자리에 앉아서도 서로 바라보지 않고
앞에 서서도 서로 바라보지 않는다
코로나19 바이러스가 호시탐탐 노리는 상대가
흰 마스크일 수도 있고 검은 마스크일 수도 있지만
그는 평소 나를 알지 못하므로
지금 알은체할 이유가 없고
물론 나도 평소 그를 알지 못하므로
마땅히 지금 알은체할 이유가 없다
흰 마스크와 검은 마스크로 취향이 다름을 알고
목적지에 도착할 때까지 말하지 않는다
지하철이 역에 정차할 때마다
흰 마스크를 착용한 그도 타고
검은 마스크를 착용한 그도 타서
수없이 많아지는 그 곁에서
나는 그가 되고 그는 내가 되어

서로 바라보지 않을 뿐더러

흰 마스크와 검은 마스크를 구분하지 않게 된다

마스크 · 7

마스크를 착용하지 않은 코로나19 바이러스는
마스크를 착용하지 않은 사람들을 찾아다닌다

마스크를 착용하지 않은 사람들 중에서
이웃과 떠들썩하게 노는 사람이
웃음의 바이러스라고 자처해도
홀로이 돌아서서 우는 사람이
울음의 바이러스라고 자처해도
남들에게 화를 내는 사람이
노여움의 바이러스라고 자처해도
코로나19 바이러스가 무시하고는
웃음의 바이러스를 사멸하여
사람으로 하여금 고통스럽도록 만들다가
울음의 바이러스를 사멸하여
사람으로 하여금 슬퍼하도록 만들다가
노여움의 바이러스를 사멸하여
사람으로 하여금 괴로워하도록 만들다가
온몸에 퍼져서 사망에 이르게 한다

간혹 마스크를 착용한 코로나19 바이러스가 있어

간혹 마스크를 착용한 사람들을 찾아가서

앞에서 어슬렁거리고 곁에서 기웃거리고 뒤에서 노린다

마스크 · 8

겨울철엔 찬바람을 막기 위해
봄철엔 황사바람을 막기 위해
나는 마스크를 착용한다

내가 상대방의 얼굴을 얼른 알아보는데
나의 얼굴을 얼른 알아보지 못한 상대방한테
눈총을 받고서야
마스크를 벗곤 한다

코로나19 바이러스의 세계적 대유행으로
올해엔 여름철에도 가을철에도
나와 상대방은 서로 권하며 착용하고는
마스크 안에 얼굴을 줄여서 넣는다

상대방이 나의 얼굴을 좀체 알아보지 못하고
내가 상대방의 얼굴을 좀체 알아보지 못하고
무표정하게 스쳐지나가도
피차 눈치를 주지 않는다

사시사철 마스크를 착용하여 분명해진 문제는
나와 상대방의 생사다

마스크 · 9

해마다 꽃 피는 봄철에
나는 숨을 쉬면서
꽃나무를 두려워한다
내가 꽃가루를 들이쉬면
가지에 더 피어 있어야 할 꽃이
살갗으로 옮겨와 발진한다
온몸에 꽃 피우고 있으면
내가 꽃나무 되고 말겠다 싶어서
마스크를 쓰곤 꽃가루를 막는다

올해는 코로나19 바이러스를 막기 위해
당신이 마스크를 쓴 채 돌아다니고 있어
당연히 나도 마스크를 쓴 채 돌아다닌다
거리에서 버스에서 지하철에서 마트에서
당신과 마주하지 않는다
대화 중 비말로 전파된다는 코로나19 바이러스,
또한 치명적이라는 코로나19 바이러스에
만약 내가 감염되어 병사한다면

나의 온몸에 꽃 피는 사태를
당신에게 설명한 이후이거나
당신에게 토로한 이후이겠지
그때가 아니라면, 내가 죽음으로부터 멀리 있으려고
마스크를 쓴다는 한소리를 당신한테서 듣는 때이다

방호복에 관한 견해

보통사람이 입는 옷은
자신의 몸을 지키기 위해 입는 것이고
의료인이 입는 방호복은
자신의 몸을 감염병으로부터 지키기 위해 입는 옷일 뿐더
러
감염병에 걸린 남의 몸을 낫게 하기 위해 입는 옷이다

코로나19 바이러스가 각국에 만연할 때
의료인이 방호복을 입고 진료하는 모습이
텔레비전 뉴스에 나오면
코로나19 바이러스가 완벽하게 차단되는지
나는 염려하였다

날마다 옷을 입고 벗은 내가
한 번도 입고 벗지 못한 방호복,
앞으로도 입어보지 못할 방호복,
멋을 내기 위해 옷을 입지 않는 나에겐
멋이 나지 않는 방호복을 입고

코로나19 바이러스 감염 환자를 돌보는 의료인이

인간으로서 가장 멋있어 보여 절로 경외하였다

방호복이 없어 비닐로 온몸을 감싼 어떤 국가의 의료인은
더더욱

비대면 · 1

코로나19 바이러스가 대유행한 이후,
학교 교실에 모이지 않은 채
교사는 가르치고 학생은 배운다

생소한 용어로 규정된
이른바 비대면 수업,
원격 수업이라고도 하는
인터넷으로 실시되는 이 교육은
학생마다 스마트 기기가 달라
가정마다 빈부의 차이에 따라
질이 달라질 수 있다고도 한다

교사와 학생이 얼굴을 마주보면서
질의 응답할 수 없게 된
코로나19 바이러스가 대유행한 이후,
계속해서 비대면으로
교사가 가르치고 학생이 배우게 된다면
앞으로 지금까지와는 다르게

비대면을 일상으로 사는 사람들이 생겨나게 된다
사람들이 맞대면하지 않는다면
그곳을
'세상'이라는 오래 써온 낱말 말고
새로운 명사로 지칭해야 할 것 같다

비대면 · 2

내 직업은 시인,
시 쓰기는 혼자 하는 일,
누군가와 대면하지 않는다

예술 분야에서
비대면으로 일하는
몇 안 되는 장르에 드는 시는
당신이 나를 비대면하면서
한 편조차 읽지 않아도
내가 당신을 비대면하면서
한 편조차 읽어주지 않아도
코로나19 바이러스는 개의치 않을 것이다

독자인 당신의 독서는
여럿이 대면해서 하지 않는 행위이므로
비대면을 요구하는 코로나19 바이러스의 대유행 때
적합하지만
시인인 나의 낭독은

여럿이 대면해서 하는 행위이므로
비대면을 요구하는 코로나19 바이러스의 대유행 때
부적합하다

아무려나 시인은 내 직업,
누구하고도 비대면해야 써지는 내 시,
나는 시 쓰기가 혼자 하는 일이라서 계속한다

포옹과 입맞춤과 악수

딸이 어린아이였을 적에
딸과 나는
서로 양팔로 끌어안은 다음
서로 두 뺨을 감싸고 뽀뽀한 다음
서로 오른손을 잡고 흔들었다

외손녀가 꼭 그만한 나이가 된 요즘
코로나19 바이러스의 세계적 대유행으로
외손녀와 딸은
서로 양팔로 끌어안지 못하고
서로 두 뺨을 감싸고 뽀뽀하지 못하고
서로 오른손을 잡고 흔들지 못한다
외손녀와 나도 마찬가지

아, 이후엔
이런 포옹을 알지 못하여
이런 입맞춤을 알지 못하여
이런 악수를 알지 못하여

먼먼 뒷날 외손녀가 성인이 되어
제 딸이 태어나 자라든
제 외손녀가 태어나 자라든
서로 양팔로 끌어안지 않게 되지 않을까
서로 두 뺨을 감싸고 뽀뽀하지 않게 되지 않을까
서로 오른손을 잡고 흔들지 않게 되지 않을까
나는 예감하며 안타까워한다

서로 양팔로 끌어안은 다음
서로 두 뺨을 감싸고 뽀뽀한 다음
서로 오른손을 잡고 흔드는 건
오직 인간만이 할 수 있는 행위를
서로가 서로에게 알게 해주는 일

세계적 대유행 · 1

중국 우한의 안과의사 리원량 씨가 죽었다
곧 코로나19 바이러스로 명명될 감염병을
그가 처음 세상에 알렸다

중국 우한엔 순식간에 코로나19 바이러스가 창궐하여
도시는 봉쇄되고 주민들은 소개되었다
병원에는 확진자들이 넘쳤다
너무 많은 환자를 돌보느라
언제 감염되었는지조차 모른 채
의사들도 확진자가 되어갔다

중국 우한의 안과의사 리원량 씨는
보호 장구도 갖추지 못한 채
코로나19 바이러스에 감염되고도 무증상이던
눈 질환을 앓는 고령의 여성을 진료하였다

사람 간에 코로나19 바이러스가 대유행할 수 있다는
허위사실을 인터넷에 유포했다고 해서

공안에 체포되어 경고와 훈계를 받았던 그는
평소 이렇게 말했다
"정의는 사람들의 마음속에 있다"
"음미할 수 없는 삶은 살 만한 가치가 없다"*

고령의 여성 환자에게서 옮은 코로나19 바이러스 감염병
으로
우한의 안과의사 리원량 씨가 죽었다
그는 겨우 서른네 살 젊은 나이였다
그는 내부고발자로 또 의인으로 불렸다
코로나19 바이러스 감염병으로부터 살아남은 자들은
그의 삶을 음미할 것이다

---

* 「'신종코로나 경고' 리원량 숨져… "정의는 마음에"」(연합뉴스 TV, 2020. 2. 7 인터넷판)
  및 「"도망자가 되고 싶지 않다" 마지막 인터뷰서도 복귀 원한 리원량」(한겨레, 2020.
  2. 7 인터넷판)에서 인용함.

세계적 대유행 · 2

한 번도 만나본 적 없는 당신이 병사했다는 소식을 듣고
존함을 마음대로 정하고 불러본다
리우웨이 씨,
한국에 매화꽃이 피어 있는 때는
중국에도 매화꽃이 피어 있는 때,
나는 매화꽃을 보고 있으나
당신은 매화꽃을 보지 못하고 있다
리우웨이 씨,
내가 매화꽃을 보고 있다느니
당신이 매화꽃을 보지 못하고 있다느니
설왕설래하는 것이 대수일까만
꽃을 보면 한 송이 꺾고 싶은 청년인 나와 동년배이거나
꽃을 보면 향기를 맡고 싶은 중년인 나와 동년배이거나
꽃을 보면 제자리에 내버려두는 노년인 나와 동년배일
텐데
코로나19 바이러스에
나는 감염되지 않아 살아남았고
당신은 감염되어 죽었다

리우웨이 씨,
때로는 인간이므로 때로는 인민이므로
매화꽃을 볼 수 있도록
국가가 당신을 구하지 못했으므로
한국에 매화꽃이 피어 있는 때라거니
중국에 매화꽃이 피어 있는 때라거니
왈가왈부하는 것은 대수이다
당신이 한국에서 태어났더라면 살아남을 수도 있지만
내가 중국에서 태어났더라면 죽을 수도 있지만

세계적 대유행 · 3

인도네시아에서 농사지었던 실라씨나 씨는
한국에서도 농장에 취업하고 싶었으나
어촌 가두리양식장에 겨우 취업했다

한국말을 잘하지 못한 실라씨나 씨는
고용주가 하는 말을 얼른 알아듣지 못해
언제나 굼뜨기 일쑤였다

하필 코로나19 바이러스가 어촌에 번질 때
부지런히 일하지 않는다는 이유로 쫓겨나
여객선 대합실에서 노숙하는 실라씨나 씨,
한국말을 잘하여 공장에 취업한 친구들을 떠올려보다가
코로나19 바이러스로 공장 문 닫혀서
실업자 됐을 수 있겠다고 생각하는 실라씨나 씨,
인도네시아에도 코로나19 바이러스가 돌고 있을 텐데
부모형제가 무사히 지내고 있을까, 걱정했다

어촌에서 떠난다고 한들

한국말을 잘할 수 없는 실라씨나 씨는
도시로 가서 공장에 취업할 길이 없고
인도네시아로는 빈손으로 돌아갈 수 없어
마스크를 낀 승객들이 멀찍이 떨어져 앉아
배를 기다리는 모습을 멍하니 바라보았다

세계적 대유행 · 4

코로나19 바이러스의 세계적 대유행으로
싱크대 자재를 생산하는 중국 공장은
감염자 예방을 위해 작업을 중단했고,
싱크대 완제품을 조립하는 한국 공장은
자재를 공급받지 못하여
감염자 예방을 위해 작업을 중단했다

중국 공장이 문을 닫아
무급휴가자가 된 조선족 김상실 씨는
코로나19 바이러스에 감염될까봐
옌볜으로 돌아갈 수 없었고,
한국 공장이 문을 닫아
무급휴가자가 된 베트남인 티민카이 씨는
코로나19 바이러스에 감염될까봐
베트남으로 돌아갈 수 없었다

중국 공장에서는 조선족 김상실 씨 말고도
티베트에서 온 상개갸초 씨를 비롯하여

여럿이 무급휴가를 받아
각자 마스크를 끼고는 시외버스를 타고
역시 무급휴가 중인 친구들한테 놀러 다녔다

한국 공장에서는 베트남인 티민카이 씨 말고도
인도네시아에서 온 유숩칼라 씨를 비롯하여
여럿이 무급휴가를 받아
각자 마스크를 끼고는 시외버스를 타고
역시 무급휴가 중인 친구들한테 놀러 다녔다

세계적 대유행 · 5

코로나19 바이러스 예방용 고무장갑을 생산하는
말레이시아 어느 공장에서는
외국인 노동자들이 1일 2교대로 근무했다*

말레이시아 현지인 노동자들이 공장 밖에서
코로나19 바이러스에 감염되어 출근하면
네팔 베트남 미얀마 방글라데시 인도네시아에서 온
외국인 노동자들이 바짝 붙어 작업하고 있어서
2차 감염을 몹시 두려워하였다
그러나 그러면서도 실지로 속으로는
구내식당에서 식사를 하든 안 하든
낮은 일당에서 식비를 공제해버리는 사장을
코로나19 바이러스보다도 더 두려워하였다

코로나19 바이러스가 세계적으로 대유행하자,
코로나19 바이러스 예방용 고무장갑을
각국에서 일시에 대량 주문하였다
납품 일자에 맞추기 위해 휴일에도 생산하던

말레이시아 어느 공장에서는

현지인 노동자 한 명이 먼저 코로나19 바이러스에 감염되

고

네팔 베트남 미얀마 방글라데시 인도네시아 출신 순서로

외국인 노동자들이 잇달아 감염되어

작업을 중단하지 않을 수 없었다

* 「노예 취급받는 코로나19 예방용 고무장갑 생산 이주노동자들」(아시아타임즈코리아,
2020. 4. 24 인터넷판)이라는 제목의 기사를 참조함.

세계적 대유행 · 6

    1

햇볕이 내리쬐는 흙길을
야다브 씨는 걸어가고 있었다
코로나19 바이러스의 확산으로
인도에 봉쇄령이 내려져
일할 데가 없어지고
일할 거리도 사라져
굶게 된 야다브 씨는
지금까지 몇날며칠을 걸어왔고
앞으로 몇날며칠을 더 걸어가면
도착하게 되는 고향 마을에선
대도시에서와는 달리
먹을거리를 구할 수 있을 거라고 믿었다
수년 전 집을 떠나
대도시로 돈을 벌려고 나오던 날
살아계셨던 아버지 어머니가
무탈한지는 모르겠지만
13억 명이 넘는 사람들 중에서

코로나19 바이러스로부터 살아남는다면
희망 있는 생이라 할 수 있다고
야다브 씨는 애써 위로했다
흙길에 햇볕이 내리쬐어서
물론 배가 고프고 목이 마르긴 해도
어떤 이는 쓰러지고 어떤 이는 숨을 거두어도
끝없이 어이지는 귀향 행렬,
야다브 씨는 터벅터벅 걸어가고 있었다

   2
인도에 봉쇄령이 완화되었다
야간 통금이 해제되고
상점들이 저녁 늦게까지 문을 열었다
고향에서 푸성귀로 연명하던
야다브 씨는 다시 돈을 벌려고
대도시로 기차 타고 돌아왔다
막노동자들이 마스크를 낀 채
길거리에 몰려나왔다

일거리를 찾아다니고
일자리를 찾아다녔다
물론 야다브 씨도 직접 천으로 만든 마스크를 끼고
막일을 찾아다녔다
대도시에는 나날이 코로나19 바이러스에 걸린
확진자가 속출하고 사망자가 속출했다
고향을 떠나오면서
겨우 며칠 먹을 양식을 싸 가지고 온 야다브 씨,
농사도 감각이 있어야 잘 지을 수 있는데
스스로 젬병이라고 여긴 야다브 씨,
건축공사장에 일용직을 구해 나간 막노동자 야다브 씨,
첫날에 누군가에게서 코로나19 바이러스에 감염되어
여러 날 앓다가 괴롭게 죽었다

세계적 대유행 · 7

코로나19 바이러스가 대유행하는 아프리카
어느 나라에선 야간 통행금지령을 내렸고
어느 나라에선 도시 봉쇄령을 내렸고
어느 나라에선 비상사태 선포령을 내렸다
코로나19 바이러스를 막는다는 목적으로!
코로나19 바이러스로부터 국민을 구한다는 이유로!
총을 든 군인이나 경찰봉을 든 경찰이
어느 나라에선 채소를 파는 좌판 상인들을 시장에서 내쫓
았고
어느 나라에선 쉼터에 모여 쉬는 성소수자들을 체포했고
어느 나라에선 가난하고 초라한 여인들을 몰아 진흙바닥
을 기어가게 했다*
코로나19 바이러스의 세계적 대유행을
어떤 독재자들은 통치를 계속하는 수단으로 삼았다

---

* 「코로나19: 아프리카에서 벌어지는 '방역' 대 '인권' 논란」(BBC NEWS 코리아,
2020. 4. 10. 인터넷판)이라는 제목의 보도문을 참조함.

세계적 대유행 · 8

히스패닉계 후안 씨가 죽었다
아시아계 리웨이펑 씨가 죽었다
아프리카계 음바브 씨가 죽었다
물론 백인 에릭 씨도 죽었다

날이 갈수록 날마다 코로나19 바이러스에
사망자가 천여 명대로 늘어나는 미국에서
후안 씨, 리웨이펑 씨, 음바브 씨, 에릭 씨,
공통점은 가난하다는 점이었다

불법체류자든 영주권자든 시민권자든
코로나19 바이러스는 가리지 않고 숙주로 삼았으나
고가의 치료비가 없는
가난한 사람들만 목숨을 잃었다
미국은 후안 씨, 리웨이펑 씨, 음바브 씨, 에릭 씨처럼
가난한 사람들을 감염병으로부터 지켜주는 국가가 아니
었다
　감염병에 걸린 사람들이 가난하여서 살아남지 못하는 미국,

코로나19 바이러스는 빈자와 부자를 가리지 않았어도
사람들은 빈부에 따라서 생사가 갈렸다

히스패닉계 후안 씨는 코로나19 바이러스가 죽인 게 아니
라 가난해서 죽었다
아시아계 리웨이펑 씨는 코로나19 바이러스가 죽인 게
아니라 가난해서 죽었다
아프리카계 음바브 씨는 코로나19 바이러스가 죽인 게
아니라 가난해서 죽었다
물론 백인 에릭 씨도 코로나19 바이러스가 죽인 게 아니라
가난해서 죽었다

세계적 대유행 · 9

도쿄에 건물을 소유한 늙은 스즈끼 씨 부인은
1층을 한국교민 김씨에게 세를 놓고
위층에 살고 있었다
평생 일해서 세금을 낸 남편 스즈끼 씨가
코로나19 바이러스 확진자인데도
병원에 입원하지 못했다

신규 확진자 증가를 우려하여
널리 검사를 하지 않는 일본 정부,
국민의 목숨보다 국가의 경제를 우선시하여
코로나19 바이러스를 더욱 확산시킬
여행을 장려하며 지원금을 지급하는 일본 정부,
요즘 일본 정부가 그렇고 그렇다는 듯이
늙은 스즈끼 씨 부인은 무덤덤했다

1층에서 한식집을 운영하는
한국교민 김씨만 경악을 금치 못하였다
잦은 태풍과 지진에 잘 대비하여

안전 문제라면 으뜸가는 국가로 자부하던 일본 정부가

코로나19 바이러스 사태에선 무능하기 짝이 없었다

한 가지 더, 후쿠시마 원자력발전소 사고 대책에도 마찬가

지였다

세계적 대유행 · 10

한국에 코로나19 바이러스가 퍼지고
필리핀에도 코로나19 바이러스가 퍼졌다
한국에서 공장 다니는 형 코트니 씨와
필리핀에서 관광 안내하는 동생 아미한 씨는
휴대전화로 통화하며 서로 안부를 물었다

한국에서는 거리를 봉쇄하지 않아서
과자공장이 문을 열고 있지만
필리핀에서는 거리를 봉쇄하여서
관광 안내할 관광객이 없었다

형 코트니 씨는 걱정하였다
과자공장에서 작업을 계속할 수 있을 것인가
다달이 봉급을 받을 수 있을 것인가
동생 아미한 씨는 선택해야 했다
집에서 굶주리다가 죽을 것인가
코로나19 바이러스에 감염되어 죽을 것인가

형 코트니 씨와 동생 아미한 씨는
휴대전화로 통화를 마치고는
한국에서도 필리핀에서도 코로나19 바이러스는
가난한 사람들을 더욱 가난하게 만든다고
각자 혼잣말을 중얼거렸다

세계적 대유행 · 11

코로나19 바이러스가 세계적 대유행을 해서
봉쇄령을 내린 나라들 중
어떤 잘사는 나라에선 봉쇄령을 해제하겠다고
최고 권력자가 선언을 했다
이 선언을 나는 이해하지 못한다
최고 권력자는 감염병으로부터 주민들을 보호하고
일하지 못해 먹고살 수 없는
주민들에게 먹을거리를 줘야 하는데,
감염병에 걸리든 말든
주민들이 일해서 마련하라는 선언 아닌가
어떤 못사는 나라에선 봉쇄령을 해제하라고
가난한 주민들이 시위를 했다
이 시위를 나는 이해한다
가난한 주민들이 일하러 다니지 못하면
굶어 죽거나 감염병에 걸려 죽는 수밖에 없다
그래도 감염병에 걸리면 나을 수도 있지만
굶으면 전혀 살 수가 없으므로
먹을거리를 구하기 위해 일하러 다니겠다는 시위 아닌가

코로나19 바이러스가 세계적 대유행을 하는 날마다

봉쇄령이 내려지지 않은 나라에서 사는 나는

먹을거리가 모자라지 않은 나라에서 사는 나는

봉쇄령을 해제하겠다는 어떤 잘사는 나라의 최고 권력자
를 비난하고

봉쇄령을 해제하라는 어떤 못사는 나라의 가난한 주민들
을 염려한다

세계적 대유행 · 12

한국에 와서 난민 신청한

예멘인 당신,

시리아인 당신,

나이지리아인 당신,

시골 생활하는 나는

도시 생활하고 있을 당신들을 상상한다

당신들의 모국에서도 코로나19 바이러스가 대유행하여

일거리를 잃어버린 지인들이 있을 테지만

예멘에서 역사교사였던 당신은 이젠 역사교사가 아니고

시리아에서 영업사원이었던 당신은 이젠 영업사원이 아

니고

나이지리아에서 자영업자였던 당신은 이젠 자영업자가

아닌데

한국에서도 코로나19 바이러스가 대유행하여

당신들은 일거리를 구하기 쉽지 않을 것이다

인도적 체류자 신분인지

난민 신분인지
나는 알지 못해도
당신들이 여전히 난민 신청자 신분이라면
법을 지키면 일하지 못해서 굶어 죽을 수 있고
먹고살려면 법을 어기고서 일해야 한다는 건 안다

예멘인 당신은 코로나19 바이러스 확진자가 늘어나는 서울에서 무슨 일자리를 얻기나 했는지
시리아인 당신은 코로나19 바이러스 확진자가 늘어나는 대구에서 무슨 일자리를 얻기나 했는지
나이지리아인 당신은 코로나19 바이러스 확진자가 늘어나는 대전에서 무슨 일자리를 얻기나 했는지
코로나19 바이러스 확진자가 늘어나는 강화에서 칩거하는 나는 당신들을 궁금해 한다

세계적 대유행 · 13

코로나19 바이러스의 세계적 대유행으로
인도령 카슈미르 한 마을에서 학교가 문을 닫고
인터넷이 느려 온라인 수업마저 할 수 없자,
야외교실을 열었다*

눈 덮인 히말라야를 먼 배경으로
언덕 위에 세운 야외교실은
바닥이 땅, 천장이 하늘, 벽이 허공이어서
너무나 너무나 커다란 교실이고
아무리 아무리 많은 아이들이 와도
가득가득 차지 않는 교실이었다

코로나19 바이러스의 세계적 대유행으로
수개월 간 폐쇄령이 이어지는 때,
아이들은 집에서 나오고 집으로 돌아가는 길에
산을 오르내리고 개울을 건넌다
등교 땐 히말라야에 눈을 흩날리는 바람을 보고
하교 땐 히말라야에서 눈이 녹아 흐르는 물길을 보면서

생각해보기도 한다

야외교실에서 하는 수업이 재미있어서

그 시간에 미처 해보지 못한 생각,

땅과 하늘과 허공이 없으면 전혀 공부할 수 없다는 생각,

* 「카슈미르, 문 닫은 학교… 야외교실로 꿈을 키운다」(YTN, 2020. 8. 9. 인터넷판)라는
  제목의 방송 보도문을 참조함.

세계적 대유행 · 14

라틴아메리카에서도 인디오 거주 지역에
코로나19 바이러스가 대유행했다

외지인들이 밀림을 불태워 밭을 만들고는
콩을 심고 거두어
트럭으로 운반하는 사이에
인디오들이 코로나19 바이러스에 감염되었다

또, 외지인들이 산지를 누비면서
광산을 개발하여
광물을 캐는 사이에
인디오들이 코로나19 바이러스에 감염되었다

의사가 없고 병원이 없어
감염된 인디오들이 속절없이 죽어가자,
겨우 살아남은 인디오들이 도로에 나와
외지인들로부터 거주 지역을 보호해줄 것을
요구하는 시위를 하였다*

외지인들이 밀림에서 거둔 콩을
한 알도 먹은 적 없는 인디오들이었다
콩깍지를 사료로 먹여 키운 소의 고기를
한 점도 맛본 적 없는 인디오들이었다

외지인들이 산지에서 캔 광물을
한 개도 만진 적 없는 인디오들이었다
자수정으로 만든 목걸이를
한 번도 걸어본 적 없는 인디오들이었다

* 「브라질 원주민 코로나 피해… 손 내민 한인사회」(YTN, 2020. 11. 21. 인터넷판)라는
  제목의 방송 보도문을 참조함.

세계적 대유행 · 15

윌리엄 워즈워스가 시인이었던 영국에서
폴 발레리가 시인이었던 프랑스에서
하인리히 하이네가 시인이었던 독일에서
각 국민 중 일부가
자국에서 경찰과 대치하였다

코로나19 바이러스가 대유행하자,
감염을 막기 위한 조치로
마스크 착용을 의무화한 그 국가들에서
마스크를 착용하지 않을 자유를 달라는
시위가 일어난 것이다

영국 시위대가 윌리엄 워즈워스를 읽는 국민이라면
프랑스 시위대가 폴 발레리를 읽는 국민이라면
독일 시위대가 하인리히 하이네를 읽는 국민이라면
코로나19 바이러스에 감염되지 않을 권리를 포기한 채
코로나19 바이러스에 병사하지 않을 권리를 포기한 채
마스크를 착용하지 않을 자유를 위하여

시위를 하진 않으리라

윌리엄 워즈워스도 폴 발레리도 하인리히 하이네도

모든 국가의 시민이 안전하기를 원하는 시인이었을 터이
므로

코로나19 바이러스가 대유행하자,

감염을 막기 위한 조치로

마스크 착용을 의무화한 한국에서는

소월이나 만해나 윤동주나 이육사나 이상화를 읽지 않는
국민이 부지기수여도

마스크를 착용하지 않을 자유를 달라는

시위가 일어나지 않았다

긴급재난지원금 · 1

나의 신용카드에 60만 원이
긴급재난지원금으로 주어졌다
대가 없이 돈을 받아본 적이 없는
나와 아내는 어떻게 쓸지 궁리했다
코로나19 바이러스의 대유행으로
수입이 줄어든 국민에게 주는 돈이니
코로나19 바이러스가 궤멸될 때까지
보관해놓고 먹을 수 있는
주식과 부식을 구입할까
평소에도 쌀통에 가득해야 편안했던 쌀을
이번 기회에 몇 부대 사서 부엌에 쌓아두자
평소 자주 먹지 못했던 육류를
이번 기회에 종류대로 사서 냉장고에 넣어두자
그래도 돈이 남는다면
친한 이웃과 외식이나 하러 가자고
나와 아내는 계획하였으나
해마다 밑지는 밭농사이기는 해도
당장 필요한 농자재를 사 써야 해서

나의 신용카드에 주어진 긴급재난지원금

60만 원은 금방 다 결제되었다

코로나19 바이러스의 세계적 대유행은 끝나지 않고,

나와 아내는 지출을 줄였다

긴급재난지원금 · 2

과거보다 현재에 궁한 국민이
현재보다 미래에 궁해질 국민이
코로나19 바이러스의 대유행으로
점점 많아지고 있다

과거에 궁하여
더 궁했던 국민을 바라볼 여유가 없던 국민도
현재에 궁하여
더 궁한 국민을 바라볼 여유가 없는 국민도
미래에 궁해져서
더 궁해질 국민을 바라볼 여유가 없을 국민도
국가에 다달이 세금을 낸 이래
국가로부터 처음 긴급재난지원금을 받았다
자발적으로 궁하고 싶지 않은 국민이
비자발적으로 궁해지고 있다는 걸
기정사실로 받아들였다는 뜻이다

코로나19 바이러스의 대유행으로

병든 국민과 병들 국민을 두려워하지 않아도

궁한 국민과 궁해질 국민을 두려워하는 국가에서는

과거에 궁하지 않던 국민은 현재에도 궁하지 않고

현재에 궁하지 않은 국민은 미래에도 궁하지 않을 것이다

긴급재난지원금 · 3

당신이 죽음의 공포를 느낄 때
궁핍의 공포를 느낀다는 걸
나는 긴급재난지원금을 받으며 알게 되었다
당신이 궁핍의 공포를 느낄 때
죽음의 공포를 느낀다는 걸
나는 긴급재난지원금을 받으며 알게 되었다,

코로나19 바이러스의 대유행으로
소수가 죽는 경우가
다수가 궁핍해지는 경우로 바뀔 수 있다는 실감을 했다
코로나19 바이러스의 대유행으로
다수가 죽는 경우가
소수가 궁핍해지는 경우로 바뀔 수 있다는 실감을 했다

자연이 전파하는 코로나19 바이러스에 많이 감염될수록
국가가 지급하는 긴급재난지원금이 많이 증가하는
묘한 비례 앞에서
당신이 죽을 수 있는 상황이

내가 궁핍해질 수 있는 상황이기도 함을 생각했고,
당신이 궁핍해질 수 있는 상황이
내가 죽을 수 있는 상황이기도 함을 생각했다,
그리하여 사람들에게 자연과 국가 중 무엇이 강한지를
나는 생각해보기로 했다

예감

인간의 삶이 코로나19 바이러스가 대유행하기 이전과 이후가 같을 수 없을 것이라고
미래를 예감하는 자들이 있다
나도 그런 자에 속한다

코로나19 바이러스가 대유행하는 현재엔
내가 숙주가 되어 있다가 혼자 죽을 수 있고
나와 만나는 당신을 감염시켜
당신도 숙주가 되어 죽을 수 있다는 사실에
나는 마음대로 외출하지 못한다
내가 생존하면 코로나19 바이러스가 내 몸에 생존할 수 있고
내가 생존하지 않으면 코로나19 바이러스가 내 몸에 생존할 수 없다

코로나19 바이러스가 대유행하지 않은 이전에는
나는 당신과 외출하여
꽃구경하러 이곳저곳 돌아다니고

뭇사람들 틈에서 즐거워하기도 쓸쓸해하기도 하고
지인들과 악수도 대화도 하다가
나와 당신에게 숙주는 나와 당신일 뿐이어서
나와 당신으로서만 각각 생존했는데
코로나19 바이러스가 대유행하지 않을 이후에는
나와 당신이 어디서든지 언제든지
코로나19 바이러스의 숙주가 될 수 있다는 걸 알고 있어서
나는 당신에게 삼가거나 두려운 상대로 살게 되거나 죽게
된다는 예감을 하고
당신은 나에게 삼가거나 두려운 상대로 살게 되거나 죽게
된다는 예감을 한다

지구와 공생 가능한 인간다움의 발견

홍박승진

자아와 인류와 지구의 연결

하종오 시의 연작성은 미시적인 단위로서의 자아와 거시적인 단위로서의 세계 인류라는 두 가지 단위의 리듬이 서로 교차하며 직조해내는 교향악의 성격을 띤다. 그가 10여 년 전부터 지금까지 상재한 시집 20여 권은 모두 뚜렷한 연작의 형식을 취하는데, 이 연작성은 한 권의 시집이 하나의 주제에 관한 시편으로 이루어짐을 의미한다. 그중에서 미시적인 단위로서의 자아에 초점을 맞춘 유형으로는 나이 들어감에 관한 연작, 농촌 현실에 관한 연작, 한국에서 시를 쓴다는 것의 의미에 관한 연작 등이 있다. 하종오는 손주와 놀아주는 할아버지이고, 농사도 짓는 강화도 거주민이며, 한국 시인인 것이다. 『초저녁』(2014), 『웃음과 울음의 순서』(2017), 『죽음에 다가가는 절차』(2018) 등은 인생의 초저녁에 접어들어 외손녀의 탄생 및 성장을 지켜보며 삶과 죽음 사이의 엄숙한 질서에 관한 여러 정서를 담은 시집들이다. 『신강화학파』(2014)에서 『신강화학파 12분파』(2016)를 거쳐 『신강화학파 33인』(2018)으로 이어진 신강화학파 연작은 나와 가장 가까이에서 저마다 지닌 생명의 빛깔을 뿜어내는 데 힘쓰는 뭇 인간과 동식물 각각이 그 자체로 어떠한 학문보다 더 고매하게 살아 숨 쉬는 지혜의 원천이자 터전임을 보여주었다. 『겨울 촛불집회 준비물에 관한 상상』(2017)과 『죽은 시인의 사회』(2020) 등은 한국에서 시를 쓴다는 일이 한국 사회의 상식적 정의를 훼손하는 모든 사태에 분노하는 행위와 다르지 않다는 입장에서 쓰였다. 근작 『세계적 대유행』 역시 코로나19 바이러스로 인하여 급변한 우리 주변의 삶을 세밀히 포착하기 위하여, 미시적 단위로서의 자아를 연작의 중요한 관찰 도구로 삼고 있다.

다른 한편 하종오 연작 시집은 세계적 시각을 통하여 인간다운 삶을 누리지 못하는 인류의 고통에까지 시적 관심을 넓혔다. 『세계의 시간』(2013)과 『남북주민보고서』(2013) 등은 폐쇄적 민족–국가의 관념에 근거를 둔 재래의 사고방식으로부터 완전히 탈각하여 세계 인류의 관점에서 분단의 무의미함과 무가치함을 조망하였다. 『국경 없는 농장』(2015)과

『제주 예멘』(2019) 등은 농업 이주노동자나 난민신청자와 같이 자국에서 생존의 위협이나 가난을 겪는 이들이 다른 국가로 자유로이 이주하여 평등하게 살아갈 수 있는 모든 권리를 누려야 한다고 역설하였다. 『세계적 대유행』은 코로나19 바이러스 앞에서 민족-국가 간의 반목과 각자도생이 더 이상 불가능함을 증명한다는 점에서, 하종오 시의 세계적 관점이 현실의 사태와 생생하게 합치하는 하나의 전범을 이룩한다.

미시적 단위로서의 자아와 거시적 단위로서의 세계 인류라는 하종오 연작시편의 두 리듬은 이번 시집 『세계적 대유행』에서 극적인 종합을 이루었다. 이는 전작 『돈이라는 문제』(2019)에서 시도하였던 자아와 인류의 역동적 연결을 한층 더 심화시킨 것이다. 전자는 화폐라는 **인공적** 소재를 통하여 자아와 인류가 연결되어 있는 실상을 그려냈지만, 후자는 코로나19 바이러스라는 **자연적** 소재를 통하여 자아와 인류의 연결뿐만 아니라 인류와 자연의 연결, 달리 말하면 인류와 지구 생명체 전체의 연결을 그려내는 데까지 이르고 있다. '세계적 대유행'에서 '세계적'이라는 말은 자아와 인류와 전 지구적 생명체가 연결되어 있는 모습으로 이 시집 속에 형상화된다.1 또한 '대유행'이라는 말은 그 지구적 차원의

• • •

1. 여기에서 필자는 하종오의 시 세계를 이해하기 위하여 '세계'와 '지구'라는 두 개념을

연결이 '단순한' 유행, 즉 인위적으로 만들어졌다가 금세 사라져버릴 수 있는 성질의 연결을 완전히 넘어서는 '대大'유행, 즉 절대적이고 근본적인 연결로서 이 시집 속에 그려져 있다. 이 글에서는 『세계적 대유행』에 나타나는 자아와 인류와 지구의 연결을 크게 세 가지 양상으로 분석하고자 한다. 첫째는 바이러스를 지구가 인류에게 건네는 언어로 해석하는 것이고, 둘째는 그 해석의 과정에서 인간 본질에 관한 재래의 의미 규정을 반성하는 것이며, 셋째는 인간과 비인간의 위계를 전복하는 것이다.

감염병이라는 지구 언어에 귀 기울이기

시집 『세계적 대유행』은 코로나19 바이러스라는 감염병을 하나의 언어, 그것도 매우 중요한 의미가 담겨 있는 언어로 해석한다. 일반적으로 우리는 언어를 인간의 전유물로 여긴다. 고도의 지적인 사유를 할 줄 아는 것은 오직 인간뿐이며,

• • •

철저히 구분해야 한다고 주장하는 것이 아니다. 『세계적 대유행』에서 (시집 제목에도 들어 있는) '세계'는 그 이전까지의 하종오 시에서 다루었던 세계의 개념보다 한층 더 심화되고 확장된 측면이 있으며, 그 심화와 확장의 차원을 '지구적인 것'이라고 부를 수 있다고 필자는 생각한다. 하종오의 이전 시집들에 나타나는 '세계'가 '인간 중심적' 세계였다면, 이번 시집에서 그리는 '세계'는 인간 이외의 지구 생명체도 인간만큼 중요한 주체로 등장하는 '지구적' 세계라고 할 수 있다.

그에 따라 복잡하게 발달한 언어로 소통할 수 있는 것은 오직 인간뿐이라고 믿어왔기 때문이다. 그러한 믿음 자체가 인간의 오만에서 비롯한 미신이라는 듯이, 시인은 바이러스를 지구가 인간에게 건네는 언어처럼 받아들인다. 다만 지구의 언어는 인간의 언어와 전혀 다른 기호로 전혀 다른 의미를 전달하는 언어이기에 인간에게 낯설게 들릴 뿐이다.

이 지점에서 시인의 시 쓰기는 중요한 의미를 띤다. 시인은 인간의 언어를 갱신하는 자인 동시에, 지구의 언어에 귀 기울이며 그것을 해석하여 인간에게 들려주는 자이다. 인간의 낡은 언어에 새로운 빛을 비추는 시의 힘은 인간이 듣기 힘든 지구의 언어를 오롯하게 받아들이는 데에서 비롯할 때가 있다.

코로나19 바이러스는 왜 사람을 숙주로 삼으면서
사람이 죽든 말든 저만 살아남기 위해 번지려고 할까
—「숙주·4」, 부분

코로나19 바이러스는 인간에게
모여서 함께 잘 살기를 금지하는 것 같고
흩어져서 각자 겨우 살기를 요구하는 것 같다
—「밀집」, 부분

「숙주·4」에서 시적 화자는 코로나19 바이러스가 사람을 숙주로 전파되어야 살아남을 수 있음에도 그 숙주인 사람을 죽이기까지 한다는 사실에 당혹스러워 한다. 이는 인간의 일반적인 사고방식과 다르기 때문이다. 인간은 먹을거리를 먹어야 살 수 있기에 먹을거리를 애써 기른다. 반면에 바이러스가 인간을 숙주로 번식함에도 인간을 해친다는 사실을 시적 화자는 이해하기 힘들다. 또한 인간은 그 난해한 바이러스의 의미를 이해해야만 살아남을 수 있기도 하다. 특히 코로나19 바이러스는 그것이 왜 생겨났는지, 어째서 이토록 전파력이 강한지, 어떻게 하면 예방될 수 있는지 등등, 그 바이러스에 관한 의미를 인간이 해석하지 못할 경우에 인류 생존을 심각한 위험 속으로 몰아넣을 수 있다. 인간에게 바이러스는 그처럼 해석하기 어려운 의미로 다가올 뿐만 아니라, 인간으로 하여금 해석을 강제하는 의미로 다가온다.

「밀집」의 시적 화자는 코로나19 바이러스라는 언어의 의미를 조금이나마 이해하고 있는데, 그렇게 해독된 내용 역시 인간의 상식을 뛰어넘어 충격을 준다. 더 크게 힘을 모아서 보다 번영한 삶을 누리는 사람들이 그렇지 못한 사람들보다 더욱 잘 살아남을 수 있다는 것은 인류 역사가 증명하는 상식과 같이 여겨지고는 한다. 그러나 인간이 해석할 수 있는 바이러스의 메시지는 그 '상식'을 송두리째 무너뜨린다. 모이는 대신에 흩어져야 살 수 있으며, 잘 살려고 하지 말아야 생명을 보존할 수 있다는 것이 바이러스 시대의 인간이 받아들이지 않을 수 없는 엄중한 진실이다. 바이러스라는 지구의 언어가 인간의 상식을 넘어선다는 것은 바이러스 앞에서 인간이 스스로를 근본적으로 반성할 수 있는지에 따라 인류의 생사가 달라질 수도 있음을 의미한다. "사시사철 마스크를 착용하여 분명해진 문제는 / 나와 상대방의 생사"인 것이다(「마스크 · 8」).

시인이 바이러스로부터 요구받은 반성은 두 가지이다. 하나는 세상을 현재와 같이 바이러스가 창궐하는 곳으로 만들어 젊고 어린 세대에게 물려준 기성세대의 반성이다. 다른 하나는 인간이라는 생물종으로 존재한다는 것에 대한 반성이다. 전자는 어른의 어른됨에 대한 반성, 후자는 사람의 사람됨에 대한 반성이라고 할 수 있다.

> 늙은 내가 잘못 살아와서 어린 손자가 잘 살아가지 못하게
> 되었다는 자책감이 들었다
>
> —「등원(登園)」, 부분

> 어린 손자가 교사의 가르침을 듣기는 해도
> 뒤돌아보는 법을 배우지 않아서
> 제가 걸어온 뒤쪽을 기억하지 않을지도 모르고
> 제 뒷모습을 누군가 지켜본다는 생각을 하지 않을지도 모르고

저보다 뒤처져 있는 아이들을 챙기지 않을지도 모른다

— 「투명 가림판 · 1」, 부분

「등원」의 시적 화자는 자신의 손자가 처음 유치원 갈 날을 고대하였으나 코로나19 바이러스로 인하여 그 등원이 연기되고 만 일을 안타까워한다. 그 상황에서 시적 화자는 코로나19 바이러스가 자신과 같이 나이가 많은 세대에 특히 치명적이라는 사실을 떠올리며, 자기 손주 또래의 어린 세대에게 안전한 세상을 물려주지 못한 데 대하여 벌을 받은 것처럼 느낀다. 필자 주변의 나이 지긋한 지인들 중에도 실제로 다음 세대에게 미안함과 죄책감 같은 것을 느끼며 반성의 태도를 보이는 경우가 적지 않았다. 이렇게 바이러스 시대에 기성세대의 상당수가 느끼는 반성의식을 하종오의 시는 예민하게 포착하여 시적으로 표현하고 있는 것이다.

이번 시집에서 나이 들어가는 시적 화자의 입장에서 한창 성장해가는 손주 또래를 바라보는 여러 작품들의 시적 성취는 이와 같이 어른의 어른됨에 대한 반성의식이라는 맥락에서 비롯한다. 이번 시집의 뛰어난 작품 중 하나인 「투명 가림판 · 1」의 시적 깊이도 그러하다. 이 작품에서 시적 화자는 투명 가림판이 세워진 책상에서 공부하는 아이들이 행여 나중에 뒤쪽과 옆쪽을 제대로 살필 줄 모르는 사람으로 자라지는 않을까 걱정한다. 그러한 걱정은 자칫 '나 때는' 뒤쪽도 옆쪽도 잘 살피는 법을 배우면서 컸는데 '요즘 애들은' 그렇지 못하다는 식의 '꼰대' 같은 소리처럼 들릴지도 모른다. 하지만 그 걱정의 이면에는 어른들이 이와 같은 세상을 만들어주어서 미안하다는 반성의식이 깔려 있다는 점을 고려하고 다시 읽어보면 이 시의 행간에 숨은 의미를 새롭게 읽을 수 있다.

아이들이 뒤쪽도 옆쪽도 잘 살피지 못하게 된 세상은 누가 만들었는가? 바로 시적 화자와 같은 어른들이다. 그렇다면 어른들은 어떻게 살아왔기에 이러한 세상을 만들었는가? 어른들이야말로 뒤쪽도 옆쪽도 제대로 살피지 않고 오직 앞쪽만 바라보며 경쟁하기를 요구하는 사회에 부합하며 살아온 이들 아닌가. 자신을 반성하기보다 앞세워야 하고 남을 살피기보다는 짓밟아야 하는 사회의 비인간성을 바꾸지 못하고 오히려 심화시켜온 것이 어른들의 삶은 아니었을까. 어른에 대한 비판을 직접적으로 드러내지 않았는데도 아이들의 현실을 통해 어른의 잘못까지 느낄 수 있게 하는 작품의 행간이 웅숭깊다.

그렇기 때문에 하종오의 치열한 시적 통찰은 어른의 어른 됨에 대한 반성에서 사람의 사람됨에 대한 반성으로까지 나아간다. 기성세대인 사람들이 자신의 잘못을 스스로 반성하지 않는다면 다음 세대인 사람들도 똑같은 잘못을 되풀이할 것이며, 그리하여 기성세대와 다음 세대를 포함한 사람 모두가 그 잘못으로부터 벗어날 가능성은 좁아들 것이기 때문이다. 앞쪽만 바라보느라 뒤쪽과 옆쪽을 제대로 살피지 않던 어른들의 삶이 결국 책상 위에 투명 가림판을 세워놓고 공부하는 아이들의 삶에서 더욱 증폭되는 것처럼.

만약에 코로나19 바이러스가 지구상에 나타난 목적이
자연계에서 너무 많은 개체를 유지하고 있는 종을 줄이는
데 있다면
내가 해당되지 않는다고 볼 순 없겠다
　　　　　　　　　　　　　　　　—「숙주·6」, 부분

사람들이 맞대면하지 않는다면
그곳을
'세상'이라는 오래 써온 낱말 말고
새로운 명사로 지칭해야 할 것 같다
　　　　　　　　　　　　　　　　—「비대면·1」, 부분

코로나19 바이러스는 인류 역사상 가장 빨리, 가장 널리 인류에게 확산된 바이러스라고 할 수 있다. 「숙주·6」의 시적 화자는 그것을 인류에게 보내는 지구의 경고로 해석한다. 코로나19 바이러스의 발생 원인에 관한 유력한 설은 인간이 마구잡이로 야생의 생태계를 침략하였기 때문이라는 것이다. 예를 들어 박쥐의 몸속에는 무수한 종류의 바이러스가

들어 있지만, 인간이 박쥐의 생태계를 잠식할수록 그것의 배설물 등을 통하여 바이러스가 인간에게 전파될 확률이 높아진다. 인간과 박쥐의 간격이 지나치게 좁아질 만큼 인간의 개체수가 지나치게 많다면, 그것이 원인이 되어 발생한 바이러스가 수많은 인간의 생존을 위협한다는 것은 인간 개체의 과잉 자체에 대한 경고와 다르지 않을 것이다.

인간 개체수의 과잉을 줄여야 한다는 경고로서의 바이러스는 인간에게 받아들여지기 버겁지만 그렇다고 무시하고 넘길 수 있는 것이 아니다. 바이러스라는 지구의 언어를 진지하게 받아들일 수 있어야만 인류는 살아남을 수 있을 것이다. 지구의 언어에 귀 기울인다는 것은 모든 삶의 방식을 바꿔야 한다는 것을 뜻하며, 지금까지 세상이 작동되어온 방식을 전환해야 한다는 것을 뜻한다. 예컨대 「비대면 · 1」은 지금까지 인류가 "맞대면"하는 방식으로 소통을 해왔지만, 오늘날에는 맞대면하지 않는 방식으로 소통하며 살아남아야 하는 현실을 통찰한다. 이 작품이 참신한 발상으로 묘파한 것과 같이, 코로나19 바이러스는 오늘날의 세상을 우리에게 오래 통용되어온 '세상'의 의미와 전혀 다른 모습으로 바꾸어 놓고 있다. 지구가 인류에게 건네는 언어를 받아들이기 위해서 우리는 우리의 낡은 언어를 버리고 문명의 대전환에 걸맞은 "새로운 명사"를 찾아야 한다.

욕망과 국가를 떠난 인간다움의 발견

　사람들이 맞대면하지 않는 곳은 더 이상 '세상'이라는 낱말이 아니라 새로운 이름으로 불려야 할 것 같다는 시인의 사유는 기존 인류 문명이 전혀 새로운 형태의 문명으로 전환되어야 한다는 발언처럼 들린다. 하지만 변화를 힘주어 부르짖는 듯한 그 당위의 목소리 밑에는 인간이 맞대면하며 살아가는 세상의 소중함을 아쉬워하는 비애의 음조가 희미하면서도 분명하게 흐르고 있다. 앞서 인용한 「비대면 · 1」의 문장은 '할 것이다'라고 단정 짓기보다도 "할 것 같다"라는 여운을 남기며 끝나고 있지 않은가. 이때의 "같다"가 남기는 여운에는 맞대면하지 않아야 살아남을 수 있음을 알면서도 맞대면할 수 있는 삶이 인간다운 삶이라고 믿는 복잡한 심리가 묻어 있다. 인간이 지나치게 개체를 증식하며 지구 생태계에 심각한 위협을 가해왔던 기존의 인간중심주의적 문명이 바이러스의 경고 앞에 종언을 고하고 그와 전혀 다른 문명으로 새롭게 전환되어야 함은 거스를 수 없는 현실이다. 그러므로 시인은 인간중심주의적인 문명의 세상이 심각한 한계에 이르렀다고 말하지만, 그렇다고 인간의 인간다움 자체를 포기하자고 말하는 것은 아니다. "서로 양팔로 끌어안은 다음/ 서로 두 뺨을 감싸고 뽀뽀한 다음/ 서로 오른손을 잡고 흔드는 갓"처럼, "오직 인간만이 할 수 있는 행위를 / 서로가 서로에게 알게 해주는 일"은 시인에게 결코 포기할 수 없는 고귀한 일이기 때문이다(「포옹과 입맞춤과 악수」).

하종오가 생각하기에 코로나19 바이러스의 세계적 대유행으로 드러난 인간중심주의의 한계는 지금까지 우리가 '인간다움'이라고 믿어온 것의 오류일 따름이다. '인간다움'과 '인간답지 않음'은 구분될 수 있고 구분되어야 하며, 다만 지금까지 '인간다움'으로 규정되어온 것이 실제로는 '인간답지 않음', 즉 거짓된 인간다움일지도 모른다고 시인은 생각한다. 이러한 상황에서 시인은 인간다움을 손쉽게 부정하거나 폐기하기보다도 기존과는 완전히 다른 내용의 인간다움을 새로이 발견하고자 한다. 최근 서구에서 유행하는 일부 포스트휴머니즘(탈–인간중심주의) 담론은 인간다움을 추구하는 것 자체가 인간중심주의적 한계에 물들어 있는 발상이라고 여기며, 그 때문에 인간다움과 인간답지 않음의 구획은 해체되어야 한다고 본다. 반면에 하종오는 인간중심주의의 한계로부터 자유로울 뿐만 아니라 오히려 그 한계의 극복을 가능케 하는 인간다움을 모색하는 이채로운 시적 사유의 길을 택한다.

코로나19 바이러스의 근본 원인이 되는 인간중심주의는 인간다움을 어떻게 규정하는가? 그것은 '욕망'을 인간의 중요한 본질 중 하나로 규정한다. 인간중심주의적 사유에 근거

한 문명의 구조 안에서 인간은 '욕망하는 인간'으로 규정된다. 인간의 본질을 합리성으로 규정할 때에도 그 합리성은 도구적 합리성, 즉 자신의 이익을 위하여 자기 이외의 모든 것을 통제하고 조작하려는 욕망의 수단으로서의 전략戰略으로 작동한다. 욕망은 생태계를 파괴하고, 파괴된 생태계는 인간을 파괴하는 방식으로 응답한다. 문제의 근본 원인을 고치지 않고서는 그 문제의 근본 해결이 불가능한 것처럼, 이기적 욕망에 따른 삶의 방식을 근본적으로 바꾸지 않고서는 코로나19 바이러스뿐만 아니라 그 이후에 더욱 위협적으로 닥칠 신종 바이러스들의 발생을 막을 수는 없을 것이다. 이번 시집의 서문에서 시인이 다음과 같은 질문을 제기한 이유도 그 때문이다. "인간의 욕망으로 사회와 생태의 질서가 교란되고 파괴된 지구의 어딘가에서 출현한 코로나19 바이러스, 자꾸 변이한다는 코로나19 바이러스를 인간의 욕망으로 제압할 수 있을까?(「시인의 말」)"

코로나19 바이러스를 야기한 것이 인간의 욕망이라면, 그 바이러스가 세계적으로 유행할 수 있게 만든 원인은 무엇인가? 그 주요한 원인 중 하나로는 폐쇄적 민족-국가 중심주의를 꼽을 수 있다. 한 국가에서 아무리 방역을 성공적으로 수행한다 하여도 다른 국가가 방역에 실패하면 아무 소용이 없다. 바이러스의 세계적 대유행으로부터 살아남기 위해서는 국경의 무의미함과 지구적 연대의 필요성을 자각해야만

한다. 이러한 현실의 절박한 과제와는 전혀 부합하지 않게, 인류 역사는 국가와 같은 민족 단위의 공동체가 출현한 이래로 지금까지 '국적' 또는 '민족성' 등을 인간적 정체성의 핵심 요소로 규정해왔다. 우리들은 자국 또는 자민족이 타국 또는 타민족보다 우월해지는 데 기여하는 삶을 가치 있는 인간의 삶으로 칭송하는 데 얼마나 익숙한가. 그러한 배타적 국가관과 위계적 민족성을 인간다움의 본질로 규정하는 한, 바이러스의 세계적 대유행을 근본적으로 막을 길은 없을 것이다.

시인은 바이러스의 세계적 대유행을 지구의 언어, 더 구체적으로 말하자면 지구가 인류에게 던지는 질문으로 받아들인다. 그 질문의 내용은 두 가지이다. 인간다움을 욕망 아닌 것으로 다시 규정할 수 있는가? 인간의 본질을 국가 너머의 무엇인가로 새롭게 정의할 수 있는가? 인간다움의 내용을 새롭게 구성함으로써 인간중심주의적 한계의 극복 방향을 타진하는 시인의 시적 사유는 그 두 가지 질문을 수반한다. 예컨대 다음의 작품들은 이기적 욕망의 바깥에서 인간다움을 찾아낸 기록이다.

멋이 나지 않는 방호복을 입고
코로나19 바이러스 감염 환자를 돌보는 의료인이
인간으로서 가장 멋있어 보여 절로 경외하였다

방호복이 없어 비닐로 온몸을 감싼 어떤 국가의 의료인은
더더욱

—「방호복에 관한 견해」, 부분

사람 간에 코로나19 바이러스가 대유행할 수 있다는
허위사실을 인터넷에 유포했다고 해서
공안에 체포되어 경고와 훈계를 받았던 그는
평소 이렇게 말했다
"정의는 사람들의 마음속에 있다"
"음미할 수 없는 삶은 살 만한 가치가 없다"

—「세계적 대유행 · 1」, 부분

「방호복에 관한 견해」는 '옷'과 '멋'이라는 소재를 통하여
인간의 욕망이 무엇이며 또한 인간다움의 본질이 무엇인지와
같은 근본적 질문들을 던진다. 인간다운 삶의 필수 요소인
옷에는 두 가지 성질이 얽혀 있다. 하나는 외부로부터 신체를
보호하거나 체온을 유지하는 실용성이며, 다른 하나는 감각
적 차원에서 사람의 겉모습을 꾸미어 나타내는 장식성이다.
코로나19 바이러스 감염 환자를 돌볼 때 의료진들이 입는
방호복은 실용성이 장식성을 압도하는 옷이다. 나아가 방호
복의 실용성은 자신을 위한 측면보다도 남을 위한 측면이
더욱 크다. 폭염의 날씨에 입는 방호복은 의료진을 탈진

상태에 이르게 할 수 있지만, 그럼에도 방호복을 입고자
한 의료진의 선택은 자신의 안위보다 타인의 생명을 소중히
하는 인간다움의 증명이었다. 남보다 자신을 더 빛내고 앞세
우려는 욕망의 산물이 지금까지의 '멋'이었다면, 자신보다
남을 살리려는 고결한 인간성의 표현이 시인에게는 기존의
멋보다 더욱 근본적인 아름다움으로서 새롭게 인식된다.

「세계적 대유행」 연작의 첫머리에 놓인 작품은 중국 정부
의 탄압에도 불구하고 코로나19 바이러스를 세상에 처음
알린 의사 리원량 씨의 이야기이다. 그가 자기만의 안위를
걱정했다면, 공안의 "경고와 훈계"를 두려워하며 진실을
알리고자 하지는 않았을 것이다. 그가 자신의 목숨만을 중시
했다면, 감염 환자를 치료하다 자신이 감염된 이후에도 의료
현장으로 복귀하기를 원하지는 않았을 것이다. 그의 삶은
이기적 욕망이 아니라 정의가 "사람들의 마음속에" 살아
있는 인간다움의 본질임을 알리고 있다. 방호복이 본질적인
인간다움의 멋을 드러내듯이, 권력을 두려워하지 않고 진실
을 말하는 삶은 "음미할 만한 삶", 즉 본질적인 인간다움의
맛味을 드러낸다.

리원량 씨의 삶은 욕망이 아닌 인간다움을 보여줄 뿐만
아니라 국가 너머의 인간다움을 보여준다는 점에서도 「세계
적 대유행」 연작에 나타나는 시인의 세계적 시각에 중요한
통찰을 제공한다. 그는 중국 인민뿐만 아니라 세계 인류에게

도 중요한 진실을 알리고자 하였지만, 중국 정부는 오직 자국의 명예와 이익이 실추되는 것이 두려워 그를 탄압하였다. 바이러스 전파로부터 사람을 구하는 일을 국가 권력이 방해하거나 막아선다면 그 국가 권력은 무능하고 무력한 것으로서 비판받아야 한다. 코로나19 바이러스의 세계적 대유행이 중요한 이유 중의 하나는, 가장 유능하고 가장 강력한 국가로 간주되는 '선진국'이 오히려 더 무능하고 무력한 체제였다는 사실을 적나라하게 드러내었다는 점이다. 하종오의 「세계적 대유행」 연작 중에서 소위 '선진국'의 현실에 관한 시편은 그와 같이 중대한 의미를 놓치지 않고 비판적인 시선으로 포착함으로써 시대 현실의 핵심을 건드리는 문학의 진경을 보여준다. 그 예는 서구와 일본의 현실에 관한 작품에서 잘 나타난다.

> 영국 시위대가 윌리엄 워즈워스를 읽는 국민이라면
> 프랑스 시위대가 폴 발레리를 읽는 국민이라면
> 독일 시위대가 하인리히 하이네를 읽는 국민이라면
> 코로나19 바이러스에 감염되지 않을 권리를 포기한 채
> 코로나19 바이러스에 병사하지 않을 권리를 포기한 채
> 마스크를 착용하지 않을 자유를 위하여
> 시위를 하진 않으리라
>
> ─「세계적 대유행 · 15」, 부분

안전 문제라면 으뜸가는 국가로 자부하던 일본 정부가

코로나19 바이러스 사태에선 무능하기 짝이 없었다

한 가지 더, 후쿠시마 원자력발전소 사고 대책에도 마찬가지

였다

　　　　　　　　　　　　　　—「세계적 대유행·9」, 부분

　「세계적 대유행·15」와 「세계적 대유행·9」는 서구나 일
본 등 역사적으로 오랜 기간 '선진국'으로 자타가 공인해온
국가들이 코로나19 바이러스 앞에서도 과연 진정한 '선진국'
이라고 할 수 있는가라는 질문을 제기한다. 먼저 「세계적
대유행·15」는 서구에서 벌어진 '마스크 착용 거부 시위'
사건을 다루고 있다. "마스크를 착용하지 않을 자유"라는
것은 서구적 사고방식에서의 자유 개념이 지극히 개인주의적
인 의미의 자유에 한정되어 있음을 알 수 있다.[2] 서구인들이
요구하는 개인주의적 자유는 사람을 살릴 수 있는 "권리"를

• • •

2. '마스크 착용 거부 시위'는 조르조 아감벤 등과 같은 서구의 저명한 철학자 등에
의하여 공개적으로 지지되거나 이론적인 배경을 제공받았다. 시위가 일어나기 전부터
아감벤은 코로나19 바이러스보다 더 경계해야 할 것은 방역을 핑계 삼아 시민의
자유를 억압하는 국가 권력이라고 꾸준히 주장하였다. '마스크 착용 거부 시위'와
코로나19 바이러스에 관한 비상식적 반응은 '서구적인 사유가 가장 보편적인 사유이
다'라는 고정관념을 추문화한다. 이에 관하여 보다 자세한 내용은 홍승진, 「아감벤은
왜 생명을 잘못 보았나」, 가타오카 류 외, 『우리는 어디로 가야 하는가』, 모시는사람들,
2020, 166~176쪽을 참조.

포기하는 거짓 자유일 뿐임을 이 작품은 아이러니컬한 풍자의 어조로 암시한다.

나아가 시인은 「세계적 대유행 · 9」에서 아시아 선진국의 허상과 실체까지 해부한다. 일본이 지금까지 '선진국'으로 인정받았던 이유 중 하나는 "안전 문제라면 으뜸가는 국가로 자부"하였기 때문이다. 그런 일본이 "코로나19 바이러스 사태에선 무능하기 짝이 없었다"는 사실은 일본이 더 이상 "안전 문제라면 으뜸가는 국가"가 아님을 의미하며, 일본이 더 이상 '선진국'으로 불릴 수 없음을 의미할 것이다. 특히 이 시가 더욱 놀라운 점은 일본의 방역 실패가 "후쿠시마 원자력발전소 사고" 때부터 예견되어 있었음을 지적하였기 때문이다. 이렇게 본다면 '경제적으로는 선진국'이 사실상 자연 생태계를 파괴하는 데 가장 앞장선 나라, 코로나19 바이러스 사태의 발생에 가장 책임이 큰 나라일 수 있다.

그렇다면 전통적인 '선진국'은 아니었지만 점차 '선진국'의 반열에 드는 것이 자연스러워지고 있는 한국의 현실은 어떠한가? 한국의 사례가 성공적인 방역 모델로서 세계의 주목을 받으며 'K-방역'이라고 불리기도 했듯이, 시인에게 한국의 현실은 선진국의 한계를 비판하고 후진국의 문제를 고민하는 하나의 모델이 된다.

봉쇄령이 내려지지 않은 나라에서 사는 나는

먹을거리가 모자라지 않은 나라에서 사는 나는

봉쇄령을 해제하겠다는 어떤 잘사는 나라의 최고 권력자를
비난하고

봉쇄령을 해제하라는 어떤 못사는 나라의 가난한 주민들을
염려한다

—「세계적 대유행 · 11」, 부분

얼핏 이 작품은 "어떤 잘사는 나라"나 "어떤 못사는 나라"
보다 한국이 더 낫다고 암시하는 것처럼 읽힐 수 있다. 그러나
여기에서 하종오의 시 세계가 철저히 인민을 국가보다 중요
시하는 관점에 입각해 있다는 점을 고려할 필요가 있다.
자국민과 외국인 모두를 포함한 모든 인간의 인간다운 삶을
보장하지 못하는 국가는 엄중하게 비판되어야 한다는 것,
국가는 권력자나 지배층만을 위하는 것이 아니라 평범한
사람들의 평범한 삶을 보장할 때에만 국가로서 의미가 있다
는 것은 이주노동자와 난민신청자에 관한 작품들을 통하여
시인이 일관되게 견지해온 관점이다. 이 시에서 한국이 어떤
'선진국'이나 어떤 '후진국'보다 나은 것처럼 그려지는 이유
도 그러한 관점에서 기인한다. 시적 화자가 한국을 긍정적으
로 바라보는 까닭은 "봉쇄령이 내려지지 않은 나라"인 동시에
"먹을거리가 모자라지 않은 나라"이기 때문이다. 인민의
생계활동을 보장하였고 국가의 책임을 회피하지 않았기 때문

이다. 그렇지 않았다면 시인은 한국 역시 국가로서 인정될 수 없다고 비판하였을 것이다.

위 작품에서 주목해야 할 지점은 시적 화자가 "최고 권력자"의 봉쇄령 해제 주장에 대해서는 강하게 "비난"하지만 "주민들"의 봉쇄령 해제 요구에 대해서는 안타깝게 "연민"하는 대목이다. "잘사는 나라"는 봉쇄령을 유지하더라도 자국민의 생계를 보장할 수 있는 여력이 있지만, "어떤 잘사는 나라의 최고 권력자"는 자국민의 안전을 우선시하기보다도 국가의 재정 부담을 덜기 위해서 봉쇄령을 해제하고자 한다. 이는 국가의 안위를 위하여 인민을 희생하려는 논리이므로 시적 화자의 비난을 불러일으킨다. 반면에 "어떤 못사는 나라의 가난한 주민들"은 밖에 나가지 못하면 바이러스에 걸리지 않더라도 일을 못 해서 굶게 되니, 밖에 나가서 바이러스에 걸릴 위험이 있더라도 일을 할 수 있도록 봉쇄령을 해제해달라고 요구한다. 이는 국가가 인민의 생존을 보장하지 못하여 인민이 국가의 통제를 거부하게 된 현실이므로 시적 화자의 연민을 불러일으킨다. 사회 구조나 지배 권력에게 죄가 있을 수는 있어도 평범하게 살아가는 사람들에게는 죄가 없다고 말하는 하종오의 시적 태도는 인간중심주의의 한계를 비판하면서도 참된 인간다움의 가치를 끝내 포기하지 않고 옹호하려는 몸짓으로서 거룩함마저 느끼게 한다. 요컨대 인간다움의 본질을 이기적 욕망이 아닌 이타적 욕망으로

재인식할 때에야 바이러스 사태의 근본 원인을 해결할 수 있듯이, 모든 인간을 살리는 방향으로 국가 제도를 재구성할 때에야 바이러스의 세계적 대유행을 막을 수 있다는 것이 「세계적 대유행」 연작에 담긴 놀라운 통찰이다.

주체와 객체의 자리바꿈과 그 의미

이기적 욕망의 틀 밖에서 바라보면, 인류는 다른 생물종들을 지배할 수 있는 종이 아니라 우주 생명 전체와 평등한 종이라는 진실이 드러난다. 거짓된 국가의 틀 밖에서 바라보면, 자연적인 생명 활동의 힘은 국가 권력을 초과한다는 진실이 드러난다. "그리하여 사람들에게 자연과 국가 중 무엇이 강한지를 / 나는 생각해보기로 했다(「긴급재난지원금 · 3」)" 욕망과 국가의 외부에서 새로운 인간다움을 발견하는 것은 곧 인간중심주의의 한계를 초극하려는 하종오 시의 고유한 방식이 된다.

인간중심주의적인 사고방식 안에서는 인간들끼리 누가 더 잘나고 못났는지 따지게 되며, 너와 나는 어떻게 다른지를 가리게 되기 쉽다. 반면 시인은 인간중심주의적 사고방식을 뛰어넘어 코로나19 바이러스의 시선으로 인류를 바라본다. 이처럼 독특한 시적 상상력 앞에서 인간들 사이의 사소하고

미미한 구분은 사라지며, 인류는 여타의 생물종과 대등한 생물종이었음을 들키게 된다. "코로나19 바이러스는 당신과 나를 동일한 인간으로 볼 것"이기 때문이다(「숙주·2」). 바이러스의 시선은 자연과 거리가 멀어 보이는 도시문명의 가장 깊숙한 곳까지 침투하여, 자연보다 우월하다고 간주되는 문명의 겉치레를 들추어내고 인류가 근본적으로 하나의 자연적 생물종일 뿐임을 폭로한다. "지하철이 역에 정차할 때마다 / 흰 마스크를 착용한 그도 타고 / 검은 마스크를 착용한 그도 타서 / 수없이 많아지는 그 곁에서 / 나는 그가 되고 그는 내가 되어 / 서로 바라보지 않을 뿐더러 / 흰 마스크와 검은 마스크를 구분하지 않게 된다(「마스크·6」)" 홍수나 사막화 같은 자연의 위력은 특정 장소에서만 문명을 압도하지만, 코로나19 바이러스는 문명의 모든 세목들 속에서 나타나 그것들을 통하여 퍼지며 그것들을 압도한다.

또한 인간중심주의가 무너진 자리로는 그동안 인간과 소통이 단절되어 있던 우주 생명과 자연 사물들이 저마다 웅성거리는 목소리를 내며 몰려들어오기 시작한다. 인간중심주의의 사고방식에 따라 작성된 문학에서는 인간만이 주어의 위치를 차지하며 인간이 아닌 우주 생명과 자연 사물은 목적어의 위치에 갇히게 된다. 그러나 인간중심주의 너머의 상상력을 작동시키는 문학에서는 인간 아닌 것이 인간에게 전달하는 의미와 힘을 은폐하지 않는다. 시인의 시 세계에는 인간과 인간 아닌 것이 주체와 객체의 자리를 자유롭게 바꾸는 시적 형식이 곳곳에서 나타난다. 이는 인간의 특권을 상대화하며 인간 아닌 것의 목소리를 표현하려는 시적 자세의 예술적 결정체이다. 『세계적 대유행』에서 그 장면이 가장 흥미롭게 표현되는 대목은 「마스크」 연작이다.

> 내가 착용한 마스크가 거리에 나갔다가
> 도리어 나를 착용하고서
>
> —「마스크 · 4」, 부분

> 우울이 더 말을 붙이지 않고 떠나간 후
> 책과 꽃과 생각이 마스크를 착용하고는
> 갑자기 나를 찾아와서
> 더 많은 책과 꽃과 생각을 가진 자들과 만나보라고 속삭일
> 때
> 코로나19 바이러스가 마스크를 착용하고는
> 갑자기 나를 찾아와서
> 나에게 마스크를 착용하지 않으면
> 병 깊이 들어 죽을 수 있다고 속삭여서
> 나는 즉시 착용한다
>
> —「마스크 · 5」, 부분

「마스크 · 4」에서 마스크가 누군가에 의하여 착용된다는
관념은 마스크가 무엇인가를 착용한다는 상상력에 의하여
전복되기도 한다. 이는 단순히 초현실주의적인 유희가 아니
라 지금 여기의 생생한 실감이다. 오늘날은 인류가 자신의
의지에 따라 마스크 착용을 선택하는 것이 아니라 마스크가
자신의 착용을 인류에게 강력히 요청하고 있는 시대이기
때문이다. 외출하는 사람들에게는 마스크를 쓰라는 규제가
따라붙으며, 마스크를 쓰지 않은 사람은 죽음의 위험에 노출
될 확률이 높다. 인간이 자신의 욕망에 따라 자기 의지를
세계에 관철시킬 수 있는 가능성이 현재와 같이 축소된 것은
미증유의 일이다. 자연 사물의 힘 앞에 인간 주체의 지배권과
통제력이 축소된다는 것은 우주가 스스로를 정화해가는 과정
일 것이다. 이 작품은 인간이 미미한 바이러스 하나 마음대로
죽일 수 없고 인공물에 불과한 마스크 하나 자유롭게 벗을
수 없음을 보여줌으로써, 인간 아닌 것 앞에 인간이 얼마나
더 겸손해야 하는지를 시적으로 형상화하고 있다.

또한 「마스크 · 5」에서는 인간 이외의 존재자들이 마스크
를 착용한다는 상상력을 통하여 인간만이 마스크를 쓴다는
관념을 해체한다. 이 시에서 그리고 있는 시적 정황은 '코로나
블루', 즉 코로나19 바이러스 사태 이후 사회적 활동의 많은
부분이 제약됨으로 인하여 사람들이 느끼는 우울을 연상시킨
다. 시적 화자는 코로나19 바이러스가 창궐하여 모든 존재가

마스크를 쓰고 있는 것처럼 답답한 상황 속에서 '그만 살고 싶다'는 우울함에 시달린다. 우울함이 어느 정도 걷힐 때 시적 화자에게는 더 많은 책을 읽고, 더 많은 꽃을 보고, 더 많은 생각을 하고 싶다는 의욕이 피어난다. 그러나 얼마 지나지 않아 바이러스에 감염되지 않으려면 조심해야 한다는 경각심이 들어서 마스크를 다시 쓰게 되었다는 것이 이 시의 내용이다. 그처럼 시적 화자의 머릿속에 여러 다른 감정들이 번갈아 떠오르는 현상을 "마스크를 착용하고는/ 갑자기 나를 찾아와서" 건네는 '속삭임'으로 표현한 점이 예사롭지 않게 읽힌다. 여기에서 "마스크"라는 시어는, 마치 모든 감정에 마스크가 씌워져 있는 것처럼 어떠한 종류의 감정도 바이러스를 의식하지 않고는 느낄 수 없는 이 시대의 현실을 압축적으로 상징한다.

　이전까지 인간은 자기가 느끼는 감정의 유일한 주인이라고 주저 없이 자부할 수가 있었으나, 이제는 인간의 모든 감정과 생각과 의식이 인간 주변의 우주와 자연과 사물에 영향을 받고 있으며 그 영향 속에서만 주어질 수 있음을 겸허하게 직시해야만 한다. 지구는 인간이 완벽하게 장악할 수 없는 것이며, 인간은 우주 생명의 일부분일 뿐이다. 이는 비극도 희극도 아닌 현실일 따름이다. 다만 이 현실을 제대로 직시하지 않고서는 인간을 비롯한 지구 생명 전체의 공멸을 막을 도리가 없다는 것이 시인의 경고이다. 그것은 바이러스와 같은 지구

언어에 귀 기울일 때 겨우 얻을 수 있는 교훈, 다시 말해서
"땅과 하늘과 허공이 없으면 전혀 공부할 수 없"는 교훈이다
(「세계적 대유행」· 13). 시인은 우주 생명을 인간에 의하여
완전하게 파악할 수 없는 신성과 경외의 영역으로 겸허히
받아들임으로써 그 우주의 생명력과 조화를 이루려 한다.

> 꽃을 숙주로 삼으려는 무엇인가가 꽃밭에 있어
> 햇빛이 환해진다고
> 풀을 숙주로 삼는 무엇인가가 풀숲에 있어
> 공중이 밝아진다고
> 숲을 숙주로 삼는 무엇인가가 산에 있어
> 녹음이 짙어진다고
> 내가 알 수 없는 그 무엇인가가 주변에 있다고
> 나는 말해야겠다
>
> ─「숙주 · 3」, 부분

꽃은 꽃밭 속에서 꽃으로 활짝 피어나 햇빛을 환히 비춘다.
풀숲은 풀을 자라게 도움으로써 공중을 밝힐 수 있다. 숲과
숲이 어울려 산을 이루고 산이 생성하고 변화하는 흐름 속에
숲이 어우러지므로 녹음이 짙어진다. 이처럼 우주 생명이
스스로 활동하는 힘은 인간 주체인 "나"가 알 수 없는 "무엇인
가"일 따름이다. 인간은 우주의 생명력 속에 스스로를 주체가

아니라 숙주로서 내맡김으로써 우주 생명을 더욱 생기 있게 살릴 수 있다. 이 작품은 발상이 단순하고 형식이 소박한 것처럼 보이지만, 이번 시집의 가장 아름다운 작품으로 꼽힐 만하다. 그 간결하고 정제된 발상과 형식 속에는 시집의 내용 전체가 담겨 있을 뿐만 아니라 그 이상의 희망 또는 예지까지 뿜어져 나오고 있는 탓이다.

『세계적 대유행』은 코로나19 바이러스를 지구가 인간에게 건네는 언어로 받아들인 시적 기록과 같다. 시인은 인간이 지금까지 귀를 닫아왔기에 인간에게는 낯설 수밖에 없는, 그 바이러스라는 지구의 언어를 번역하여 들려준다. 인류가 살아남는 길은 인간중심주의를 버리는 길뿐이라는 것이 시인이 해독한 메시지이다. 놀랍게도 시인은 인간중심주의의 한계를 뼈저리게 반성하는 동시에, 인간다움 자체를 폐기하려 하지 않고 재구성하려 한다. 바이러스 사태의 근본 원인은 거짓된 인간다움을 참된 인간다움으로 착각해왔다는 데 있을 따름이라고 사유하며, 인간과 지구를 함께 살릴 수 있는 인간다움이 어딘가에는 반드시 있으리라고 믿으며, 시인은 인간의 본질을 이기적 욕망과 그릇된 국가 권력을 넘어선 것으로서 새롭게 규정하고자 한다. 그렇게 균열이 간 인간중심주의의 틈새로, 시인은 인간과 자연 사물이 주체와 객체의 자리를 자유롭게 바꾸며 서로 평등한 목소리로 발화하는 경이로움을 목격한다.

세계적 대유행

초판 1쇄 발행 2021년 01월 20일
    2쇄 발행 2021년 12월 20일

지은이 하종오
펴낸이 조기조
펴낸곳 도서출판 b

등록 2003년 2월 24일 제2006-000054호
주소 08772 서울시 관악구 난곡로 288 남진빌딩 302호
전화 02-6293-7070(대) 팩시밀리 02-6293-8080
홈페이지 b-book.co.kr 이메일 bbooks@naver.com

ISBN 979-11-89898-44-1   03810

값_10,000원